元国税の不動産専門
税理士が教える!

不動産投資節税の教科書

川口 誠
元国税調査官・税理士・
不動産投資家

ぱる出版

はじめに

数ある書籍の中から本書を手にとっていただき、ありがとうございます。

本書は、不動産投資の節税について網羅的に知りたい方に向けて書いています。単に不動産投資における税金の計算にとどまらず、**節税により不動産投資がもたらすお金を最大化させることを目的にしています。**

不動産投資家の所得税の節税、法人化による不動産オーナー会社の法人税の節税はもちろんですが、不動産や不動産から得られる所得を次世代に移すための相続税、贈与税の節税を含めた幅広い視点で、不動産投資による節税を紹介しています。更には、不動産投資家や不動産オーナー会社の税務調査の内容まで扱っています。

ここ最近、不動産投資をされる方が多くなってきています。

書店に行くと、金融投資のコーナーの一角に不動産投資の書籍がずらっと並んでいます。

また、YouTubeでは誰もが無料で不動産投資の経験談や不動産会社の社長の話を聞くことができます。

不動産投資で経済的自由を手に入れたい、FIREして組織から独立したいと思って、不動産投資に興味をもち、気軽に始める人が多くなってきています。


しかしながら、目の前の物件を買って、不動産投資を始めることだけに気をとられ、不動産投資によって将来かかる税金までを考えている人が少ないことに驚かされます。

不動産投資を始める段階で、相続税のことを考えている人はどれだけいるでしょうか。

不動産投資は投資家個人の所得税の申告で終わるわけではありません。事業規模が大きくなると、法人の方が節税の幅が広がるため、法人化によって法人税の申告をします。そして晩年は、不動産を子供たちに相続させる必要があり、相続税の申告が待っています。


不動産投資はある種のマネーゲームで、目の前のお金を増やしていかないと資金繰りが悪くなり脱落していきます。家賃収入、売却収入からローン、経費を差し引き、更に、後々かかってくる相続までの税金を考慮し、トータルでお金を増やしていく必要があります。

私事ではありますが、18年にわたり、税務署、国税局、国税庁といった一連の国税組織で、税務調査の事務に携わってきました。税務調査において調査官は申告内容をもとに適正かそうでないかを判断し、税金が過少になっていれば問題にします。しかし、税金が過大になっていても、お返ししましょうかといったお人好しなことを言ってくれる調査官はいません。**現実に節税することができるのにしていないケースが多くあります。**

日本人の中に納税を義務と感じている人は多くいますが、節税を権利と考え、積極的に節税を行っている人は少ないと言われています。

私は不動産投資家でもあり、国税組織での経験を生かし、不動産投資による節税を自ら実践しています。皆様にも、自分で申告を行うことはもちろんですが、積極的な節税をしていただきたいと思い、この機会に執筆させていただきました。

本書の構成は以下のとおりとなっています。興味のある章から読んでいただけるようになっています。

第1章は、不動産所得を申告する際に必要な知識を紹介しています。税理士に依頼しなくても自分で申告することができます。

第2章は不動産投資家の所得税の節税、第3章は法人化による不動産オーナー会社の法人税の節税、第4章は不動産や不動産から得られる所得を次世代に移転するための相続税、贈与税の節税について書いています。

第5章は、私の国税組織での経験をもとに、不動産投資家や不動産オーナー会社で税務調査に選定されるのはどういった納税者であるか、税務調査では調査官がどういった点を確認するかについて書いています。税務調査に選定される基準、調査される内容が事前にわかっていれば、取引、申告時から対策することができ、追加の納税という不必要なお金の支払いが生じることをある程度防ぐことができます。

本書が皆さまの不動産投資に少しでもお役に立てば、著者はこれに勝る喜びはありません。

不動産投資節税の教科書

目次

第1章

不動産投資家の確定申告

第2章 不動産投資家の所得税の節税

第3章 不動産投資家の法人化による節税（不動産オーナー会社の節税）

第4章 不動産投資家の相続税の節税

第5章 不動産投資家・不動産オーナー会社の税務調査

組版・本文デザイン・図表作成 城﨑尉成（思机舎）

第1章

不動産投資家の確定申告

まずはe-Tax開始の届出書を提出

「電子申告・納税等開始届出書」（e-Tax開始の届出書）を国税庁のe-Taxのホームページ上で作成し、送信します。

開業届、青色承認申請書の提出や、今後、毎年行う申告をe-Taxで行うためです。

それまでに、本人確認のための電子証明書が記録されているマイナンバーカードを役所で取得します。マイナンバーカードを読み取るICカードリーダライタも必要になります。3千円程度でアマゾンでも購入することができます。

届出書はホームページの手順に従って簡単に作成することができます。

e-Tax利用のメリット

- 自宅から**インターネットを通して24時間利用**することが可能。時間や交通費をかけて、税務署に行く必要がない。
- **申告書の作成を誘導し、自動計算**してくれる。誤りや入力漏れがあるとメッセージで教えてくれる。

・**還付されるのが早い。**通常、還付までには1か月以上かかるが、e-Taxの還付申告は、2~3週間程度。

開業届、青色承認申請書はいつ提出？

個人が不動産投資を行う場合には、「個人事業の開業届出書」を**開業の日から1か月以内に**、青色申告を始める方は、「所得税の青色承認申請書」を開業の日から2か月以内に提出する必要があります。

開業の日は、オーナーチェンジの物件であれば、不動産の引渡しを受けた日から家賃収入が生じるため、「不動産の引渡日」になります。売買契約書の引渡予定日、物件引渡書の実際の引渡日、登記の原因日等から日にちを確認します。借主がいない状態で不動産の引渡しを受ける場合には、入居者の募集を出す等、行動に移した日になりますが、不動産の引渡日でもかまいません。**青色申告のメリットを受けるためにも、不動産の引渡しを受けてからすぐに、開業届、青色承認申請書の開業の日に引渡日を記載して、忘れずに提出**しましょう。税務署に行かず、e-Taxで簡単に作成して、提出することができます。

青色承認申請書には、簿記方式、備付帳簿名を選ぶ項目がありますが、何を選べばよいかという質問をよく受けます。5棟10室未満である事業的規模に該当しない不動産投資家は、簿記方式を簡易簿記、備付帳簿を現金出納帳、経費帳、固定資産台帳、その他（収入帳）、事業的規模の不動産投資家は、簿記方式を複式簿記、備付帳簿を現金出納帳、経費帳、固定資産台帳、預金出納帳、総勘定元帳、仕訳帳、その他（収入帳）を選んでおくとよいでしょう。その他参考事項に記載されているとおり、あくまでも参考事項ですので、実際に選んだものとは違う帳簿を備え付けていても問題ありませんが、事業的規模の不動産投資家が、総勘定元帳と仕訳帳を選ばず、青色申告特別控除55万円を受けるのは不自然です。

青色承認申請はみなし承認であるため、税務署から12月31日（11月1日以後に青色承認申請書を提出した場合には、翌年の2月15日）までに却下の通知がなければ承認されることになります。私は実際に国税組織で働き始めた当初、青色申告承認申請書のチェックをしていましたが、わざわざ臨場して帳簿を備え付けているかどうかを確認することはしません。申請書に記載された内容に不備がなければ承認されます。

青色申告のメリット

青色申告のメリット

・青色申告特別控除
・純損失の繰越しと繰戻し
・青色事業専従者給与の必要経費算入

青色申告の最大のメリットは、青色申告特別控除が受けられることです。青色申告特別控除は、**経費計上や減価償却等の繰延による節税と異なり、お金の支出を伴わないため、節税の中では最優先**に受けるべきものになります。

青色申告特別控除の金額によって要件が異なってきます。更に、55万円や65万円の控除は5棟10室以上の事業的規模に該当しないと受けられません。

サラリーマン投資家は、不動産所得の赤字を給与所得と相殺して、所得税の還付を受けることができます。サラリーマン投資家を卒業し、不動産貸付のみを行っている個人事業主は、他に相殺することができる所得がなければ、**赤字を純損失として翌年以降3年間繰**

▶ 青色申告の要件

要件＼控除額	10万円	55万円	65万円
青色申請書の提出	必要	必要	必要
事業的規模	―	必要	必要
複式簿記で記帳（仕訳帳、総勘定元帳）	―	必要	必要
貸借対照表を添付し、期限内に申告	―	必要	必要
e-Taxで申告または電子帳簿保存法で保存	―	―	必要

り越して、不動産所得の有所得から差し引くことができます。純損失を前年分の所得金額に繰り戻して控除し、前年分の所得税の還付を受けることもできます。

事業的規模の不動産投資家は、法人が従業員に支払う給与と同じように、妻や親族に支払う給与を必要経費にすることができます。給与を経費にしようとする年の3月15日まで（1月16日以後に事業を開始した場合には事業開始の日から2か月以内）に「青色事業専従者給与に関する届出書」を提出する必要があります。

ただし、妻や親族は個人事業主が行う事業に従事し、生活をともにしていないといけません。副業やアルバイト感覚では認められません。

また、給与の金額はいくらでもよいというわけではなく、次の3点に照らして相当の金額に限ります。

青色事業専従者給与の相当の判断

・労務に従事した期間、労務の性質、労務の提供の程度
・他の使用人の給与の状況、同種、規模が類似する事業で従事する人の給与の状況
・事業の種類、規模、収益の状況

専従者給与も月8万8，000円以上で源泉徴収の対象になります。また、年収103万円を超えると所得税、年収100万円を超えると住民税が生じることを併せて考えると、**月8万円程度でスタートするのがよい**でしょう。

将来的に増やすようであれば、国税庁の申告所得税標本調査結果が参考になります。令和4年の**青色事業専従者給与の平均金額は1人当たり215万円**になっています。

不動産所得の事業的規模のメリット

建物5棟以上または部屋10室以上ある場合には、事業的規模で行われていると判定します。

戸建てを貸している場合には1棟＝2室、土地を貸している場合には5筆＝1室として換算します。

空室であっても、募集をかけるなど、貸せる状態であればカウントに入れます。また、共有でも按分《あんぶん》はしません。

5棟10室基準は形式的な判定に過ぎません。本来は社会通念上、事業と呼ばれる規模で行っているかどうかを実質的に判定していく必要があります。現に、国税不服審判所の裁決で、5棟10室基準を満たしていなくても、事業的規模に該当すると判断された事案があります。ただし、国税不服審判所は次の7点から総合勘案し、事業といえるかどうかを判断するとしています。しかしながら、実質的に判断するには手間がかかるため、一旦は5棟10室基準で形式的に判定するのが無難であるといえます。

①営利性・有償性の有無

▶ 事業的規模のメリット

	事業的規模ではない	事業的規模
青色申告特別控除	10万円	55万円、65万円
青色事業専従者給与	ー	労務対価として相当金額が必要経費
事業専従者控除（白色）	ー	1人50万円（配偶者は86万円）が必要経費
貸倒損失	収入が生じた年にさかのぼって収入がなかったものとみなす	貸倒れが生じた年の必要経費
取壊、除却、滅失等の資産損失	損失が生じた年の不動産所得金額を限度として必要経費	損失が生じた年の必要経費

②継続性・反復性の有無
③自己の危険と計算における事業遂行性の有無
④取引に費やした精神的・肉体的労力の程度
⑤人的・物的設備の有無
⑥取引の目的
⑦事業を営む者の職歴・社会的地位・生活状況

事業的規模に該当すると、**青色申告特別控除の金額が大きくなり、専従者に支払う給与が必要経費**として認められます。また、**青色事業専従者に対する定期保険の保険料を必要経費**にすることもできますが、他の従業員と同じ基準で保険料を支払う必要があります。

取引発生から確定申告までの流れ

5棟10室以上の事業的規模の不動産投資家は、青色申告特別控除55万円の適用を受けることができます。そのためには、仕訳帳に記帳し、または、伝票で仕訳を行い、総勘定元帳、補助簿に転記します。最終的には総勘定元帳の残高を試算表に転記し、貸借科目、損益科目に切り分けて、貸借対照表、損益計算書を作成します。そして、申告書に貸借対照表、損益計算書を決算書として添付し、提出します。

家賃収入、管理費・修繕積立金、不動産管理費用の金額は毎月一定で、ローンの支払金額はあらかじめ返済金額が決められており、不動産貸付に係る取引はシンプルです。日々取引も発生しないことから、まずは1か月分、そして、慣れてきたら3か月分とまとめて記帳した方が手間はかかりません。残高試算表は年末に作成することになりますが、今年の利益、所得はどのくらいになって、どのくらいの税金を納めるかを把握しておくことが大切です。例えば、ふるさと納税は所得金額によって限度額が決まり、いくら寄付するかが変わってきます。したがって、残高試算表はいつでも作成することができるようにしておいた方がよいです。

事業的規模に該当しない不動産投資家は、青色申告特別控除10万円の適用を受けることができます。そのためには、簡易帳簿として、現金出納帳、収入帳、経費帳、固定資産台帳の補助簿に記帳するか、または、前々年の不動産所得が３００万円以下であれば、現金主義により売上、経費を計上し、現金出納帳、固定資産台帳の補助簿に記帳するか、どちらかの記帳により収支計算書を作成して申告します。現金主義の適用を受ける場合には、

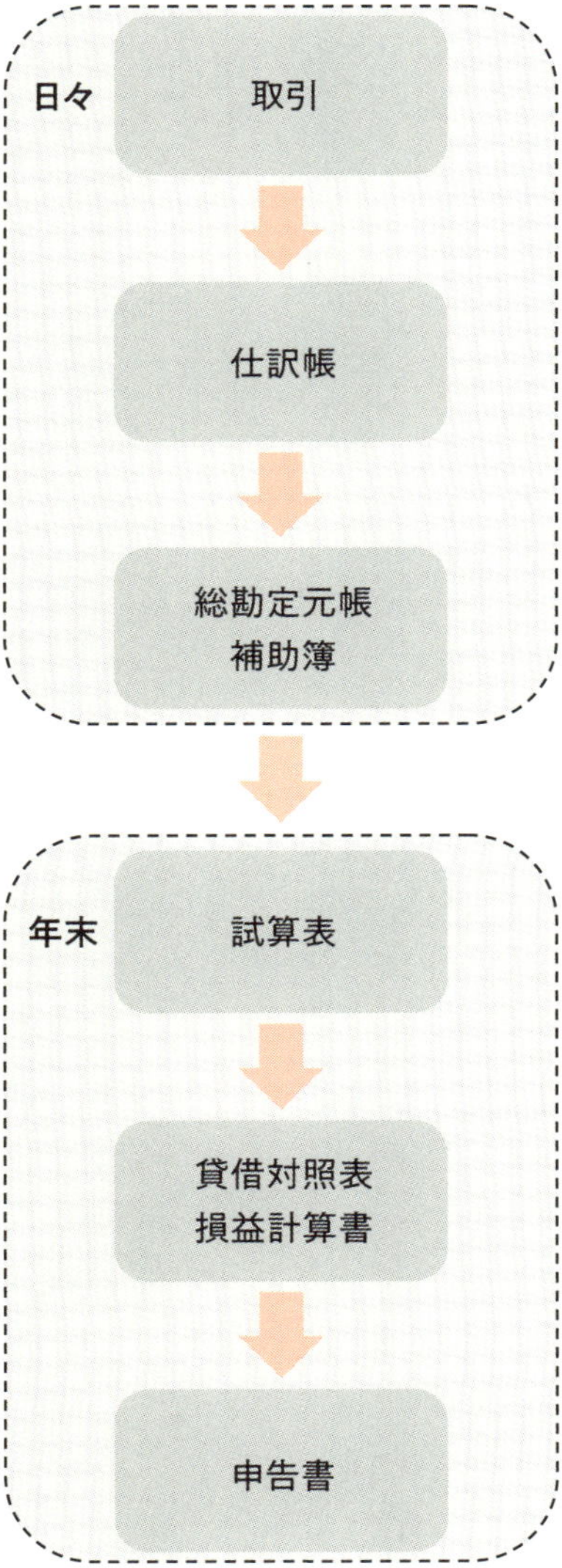

適用を受けようとする年の3月15日まで（1月16日以後に事業を開始した場合には事業開始の日から2か月以内）に「現金主義による所得計算の特例の適用を受けることの届出」を税務署に提出する必要があります。現金主義で申告する場合には決算書の様式が異なるので注意してください。

事業的規模に該当しない場合には、青色申告特別控除は10万円しか受けることはできませんが、あえて、仕訳帳、総勘定元帳を作成して、申告してもかまいません。当初から仕訳帳、総勘定元帳を作成して、申告しておけば、事業的規模になっても変える手間がかかりませんし、早くから仕訳の考え方を身につけておくことは大切です。また、仕訳帳に前受収益で経理することによって、家賃収入を1か月遅らせて計上することができます。次章で取り上げています。

事業的規模になってから、簡易帳簿に加え、特定取引仕訳帳、特定勘定元帳等を追加で備え付けることで、青色申告特別控除55万円の適用を受けることができますが、仕訳帳、総勘定元帳を作成するよりも、複雑であるためおすすめしません。その記帳方法の例示が国税庁のパンフレット「青色申告者のための貸借対照表の手引き」に掲載されているので、詳しく知りたい方はご覧ください。

確定申告の時期でなければ申告することができないと思われている方もいらっしゃいますが、**年が明けると、いつでも申告することができます。**申告内容の誤りに気付いた場合には、**期限内であれば、何回でも申告することができます。最後の申告が有効になります。納付する税金が増えようが、減ろうが、ペナルティはありません。**確定申告の時期まで待って、あわてて申告する必要はありません。

期限後には注意が必要です。納付する税金が増える場合には、修正申告を行う必要があり、5％の加算税を納めなくてはいけません。納付する税金が減る場合には、更正の請求を行い、税金を還付してもらいます。いったん払った税金を戻すため、税務署は、更正の請求に対して通知を行います。したがって、申告内容を厳格に審査し、統括官等の決裁を受けます。必要に応じて、更正の請求の内容を確認するために追加で資料が要求されます。更正の請求の内容が誤りである場合には、他にも誤りがないかどうかを調査に切り替えてチェックすることもあります。**安易な更正の請求を行わないためにも、当初の申告を適正に行い、税務調査のリスクを避けたい**ところです。

法令の規定に従っていなかったり、計算に誤りがあったりしないと、更正の請求を行うことはできません。例えば、中古資産は見積もった耐用年数、または、簡便法による耐用年数で減価償却しますが、見積もった耐用年数で申告を行い、後に更正の請求で簡便法を適用することはできません。見積もった耐用年数で減価償却することが法令で認められているからです。

不動産所得における帳簿書類とその保存期間

確定申告では帳簿書類の作成が必要になってきます。かつては、白色申告で所得が少額である場合には、帳簿書類の作成は不要でしたが、今は白色申告であっても、帳簿書類を作成する必要があります。どの道、帳簿書類を作成するなら、青色申告のメリットを受けるためにも、青色申告を選択した方がよいです。

帳簿書類には、帳簿と書類があります。帳簿には、「主要簿」と呼ばれる仕訳帳、総勘定元帳と主要簿を補う目的で作成される「補助簿」と呼ばれる帳簿があります。法令には、仕訳帳、総勘定元帳、その他必要な帳簿、つまり補助簿を作成し、補助簿には取引年月日、事由、相手方、金額等といった取引に関する事項を記載すると規定されています。

▶ 補助簿一覧

区分	補助簿名	記載事項		白色	青色	
					10万円	55万円
① 現金出納	現金出納帳		・取引年月日 ・事由 ・出納先 ・金額 ・残高		○	○
② 当座預金の預入、引出	当座預金出納帳	口座別	・取引年月日 ・事由 ・支払先 ・金額			○
③ 手形上の債権債務	受取手形記入帳 支払手形記入帳	受取手形、支払手形別	・取引年月日 ・事由 ・相手方 ・金額			○
④ ②③以外の債権債務	預金出納帳	未収賃貸料、預金、貸付金、借入金、未収入金、未払金、事業主貸、事業主借等に区分	・取引年月日 ・事由 ・相手方 ・金額		○	○
⑤ 減価償却資産	固定資産台帳		・取得、支出年月日 ・相手方 ・数量 ・取得価額、支出金額 ・年初の償却後価額		○	○
		年中の取引	・取引年月日 ・事由 ・相手方 ・金額			
⑥ ①～⑤以外の資産			・取引年月日 ・事由 ・相手方 ・数量 ・金額			○
⑦ 資本		元入金、貸倒引当金等に区分	・取引年月日 ・事由 ・相手方 ・金額		○ （貸倒引当金）	○
⑧ 収入	収入帳	賃貸料、雑収入に区分	・取引年月日 ・事由 ・相手方 ・金額	○	○	○
⑨ 費用	経費帳	雇人費、青色専従者給与額、修繕費、減価償却費、繰延資産の償却費、地代、保険料、消耗品費、貸倒金、広告宣伝費、公租公課、雑費等に区分	・取引年月日 ・事由 ・相手方 ・金額	○	○	○

青色申告で事業的規模に該当しない不動産投資家は、①の現金出納帳、⑤の固定資産台帳、⑧の収入帳（未収賃貸料の債権債務の記載を含む）、⑨の経費帳の４つの補助簿を作成することで、青色申告特別控除10万円の適用を受けることができます。補助簿の記載例については、国税庁のパンフレット「帳簿の記帳のしかた―不動産所得者用―」をご覧ください。

事業的規模に該当すると、補助簿に加え、仕訳帳、総勘定元帳を作成することで、青色申告特別控除55万円の適用を受けることができます。法令では、仕訳帳には「取引年月日、勘定科目、金額、内容」を、総勘定元帳には勘定科目ごとに「取引年月日、相手方の勘定科目、金額」を記載すると規定されています。総勘定元帳には内容を記載する必要がありませんが、あえて内容を仕訳帳から転記することで、総勘定元帳を補助簿として使えるようにしておきます。補助簿の記載事項のほとんどが、「取引年月日、事由、相手方、金額」であり、あらかじめ、仕訳帳、総勘定元帳の内容に「事由、相手方」を記載しておくことで、代用することができるようにしておきます。

事業的規模の不動産投資家が、別途作成する補助簿は、⑤の固定資産台帳だけです。現

▶ 帳簿書類の保存期間

保存帳簿書類			保存期間
帳簿		仕訳帳、総勘定元帳、補助簿	7年
書類	決算関係	損益計算書、貸借対照表	7年
	現金預金取引関係	領収書、預金通帳等	7年（前々年の不動産所得が300万円以下の方は5年）
	その他	請求書、見積書、契約書等	5年

金で取引を行うと、現金を管理する手間がかかります。個人の財布から経費を支払い、事業主借勘定を使えば事足り、①の現金出納帳は必要ありません。不動産投資家が当座預金や手形を使って取引を行うことは想定されておらず、②の当座預金出納帳、③の受取手形、支払手形記入帳は必要ありません。

大切なことは、補助簿の記載事項が網羅されているかどうかです。

書類は、領収書、預金通帳、請求書、見積書、契約書等の取引に関して作成、受領した書類です。決算書も書類に含まれます。

保存期間は、申告年分の翌年の3月15日の翌日から5年間または7年間です。

クラウド会計ソフトを積極的に利用する

近年、会計ソフトの利用者に占めるクラウド会計ソフトの利用者の割合が、高くなってきています。私もｆｒｅｅｅやマネーフォワードといったクラウド会計ソフトを利用しています。

クラウド会計ソフトを利用するメリットは多くあります。最初は慣れるまで時間がかかるかもしれませんが、一度慣れてしまうと操作は簡単です。**会計業務が効率化され、事業全体のパフォーマンスの向上**につながります。

クラウド会計ソフトのメリット

- 会計ソフトのインストールや税制改正等のバージョンアップ作業が不要
- インターネット環境があればどこにいても様々なデバイスから利用可能
- データがクラウド上に保管されるためバックアップが不要

・金融機関の口座や請求書、給与システムとの連携が可能
・自動仕訳の設定が可能
・簿記や会計の知識がなくても利用することができるように作られている

金融機関の口座と連携した上で、自動仕訳を設定すると、その後、同じような入出金の取引は自動的に仕訳処理が行われます。口座の摘要欄や金額から勘定科目等を判定させることができます。不動産貸付に係る取引やその金額は毎月一定であり、仕訳はシンプルで自動仕訳を設定しやすいといえます。非常に便利な機能ですので、利用してみてください。
また、税理士とデータを共有することによって、個人事業主や法人が仕訳を入力しながら同時にチェックすることができるのも良い点です。税理士が会計数値を分析し、リアルタイムにサポートすることもできます。

私は、期中であっても仕訳が反映された残高試算表の損益科目から損益状況を確認しています。なぜなら、**今年の利益、所得がどのくらいになって、どのくらいの税金を納めるかを事前に把握するとともに、期末に向かって経費等の計上による税金対策を講じるため**

です。残りの期間の主要な収入や経費を計上し、年間の減価償却費を計算すると、今年の利益、所得をある程度把握することができます。

月々の料金（年払い）は、個人事業主が千円、法人が3千円程度で、ｆｒｅｅｅやマネーフォワードのクラウド会計ソフトを利用することができます。最初は個人事業主として申告するわけですが、年間1万円程度であれば、会計業務の効率化といったメリットを考えると、支払う価値はあります。

電子帳簿保存法への対応

令和6年1月1日から、電子帳簿保存法の新しいルールがスタートしました。電子帳簿保存法は、①電子帳簿等保存、②スキャナ保存、③電子取引データ保存と3つの制度に区分されています。①と②は任意ですが、**③の電子取引データ保存は、個人事業主、法人全てに義務付けられているため、対応が必要**になってきます。

電子取引データで、多くの方が実際に取引されているデータは次のとおりです。

①電子メールに添付された請求書、見積書、領収証、契約書等
②インターネットのサイトからダウンロードした請求書、領収書等
③クレジットカード、ＩＣカード、スマホアプリ等からクラウドサービスを通じて受領した請求書、領収書等
④請求、見積、領収等の内容が記載されたメール本文
②のサイトはアマゾンや楽天等の通販サイトになります。

次に、実際に電子取引データをどのように保存すればよいのかを確認していきます。ファイル形式は決められておらず、スクリーンショットでも可能ですが、通常は、①～③はダウンロードしたファイル、④はＰＤＦで保存することになります。単にファイルとして保存するだけでなく、保存には真実性と可視性の確保が要件とされています。

真実性とは改ざんをしないようにしておくことです。次のいずれかの対応が必要になります。

・タイムスタンプの付与

▶ エクセルによる電子取引データの整理

①索引簿を作成する

連番	日付	金額	取引先	備考
1	20240131	110,000	(株)A	請求書
2	20240210	330,000	(株)B	注文書
3	20240228	330,000	(株)C	領収書
4				
5				
6				
7				
8				

②検索できる
ファイル名をつける

20240131_(株)A_110000

日付 _ 取引先名 _ 金額

索引簿に従って、ファイル名の付け方を統一する

・訂正や削除の履歴が残るシステムでの保存
・訂正や削除に関する事務処理規定を設けて運用

手間やコストを考えると、３つ目の事務処理規定による方法がよいといえます。規定には、訂正や削除をした場合にその履歴を確認することができる旨を記載します。国税庁のホームページに規定のサンプルが掲載されているため、カスタマイズして利用するとよいでしょう。「電子取引データの訂正及び削除の防止に関する事務処理規程」で検索すると該当ページが表示されます。

もう一つの保存要件の可視性とは誰でも確認することができるようにしておくことです。パソコン、プリンターを備え付けて、税務調査等の際に出力することができるようにしておくとともに、**電子取引データを日付、金額、取引先で検索することができるようにし**

ておく必要があります。エクセルの索引簿を設け、検索することできるように整理しておけばよいことになっています。こちらの索引簿の作成例も先ほどの事務処理規定が載っているページに掲載されています。

検索する要件には例外があって、基準期間（2年前）の売上高が5，000万円以下の場合、または、電子取引データを紙で出力して整理している場合には不要になっています。ただし、税務調査等の際に電子取引データを提示、提出することができるようにしておく必要があります。結局のところ、紙で出力することも認めており、電子帳簿保存法の存在意義に違和感を覚えます。

結論としては、電子取引データを整理しておき、「仕訳帳、総勘定元帳の基になる電子取引データはこれです」とわかるようにしておけばよいということです。売上高が5，000万円を超えたら索引簿で整理していきます。

書面添付チェックシートの利用

書面添付制度をご存知でしょうか。税理士が、申告書を作成するに当たって、会社が保管している取引書類等に基づき確認した事項、顕著な増減事項と理由を「税理士法第33条の2第1項に規定する添付書面」と呼ばれる書面に記載し、申告書に添付して税務署に提出します。この書面が提出されると、調査に着手する前に、調査の要否を判断するために、税理士に直接面接し、意見聴取を行います。調査の要否の判断に当たって、積極的に活用することになっています。

書面添付の件数の割合は、税理士報酬費用の追加発生、効果不明等の理由で、所得税が1%、法人税が7%と低くなっています。しかし、**意見聴取が行われ、税務調査が省略される割合は、所得税が30～60%、法人税が60～70%と大きくなっています。**ただし、税務当局が積極的に書面添付の提出を促すために、調査の要否を判断する必要のない申告書まで意見聴取を行っているという面もあります。

国税庁のホームページに**不動産所得の申告者向けの「税理士法第33条の2の書面添付に係るチェックシート」（不動産所得用）が掲載されているため、このチェックシートを活用して、申告書の最終チェック**に使ってみてください。

また、税理士会の会員専用のホームページに、業務チェックリスト（不動産所得用）が掲載されているため、税理士が、チェックリストに基づき、どのような確認を行っているのかを把握することもできます。

キャッシュ・フローは常に把握しておく―デッド・クロスの偽り―

短期的な視点と長期的な視点で、お金の収支を把握しておくことが大切です。短期とは毎月、長期とは1年単位で、将来にわたる期間です。

まずは、**毎月、手元にどのくらいお金が残るか、いわゆる手残りを計算します。事前にシミュレーションをした上で、物件の購入**を決めます。

家賃収入からローンの元金と利息を支払い、更に、管理会社に対する賃貸管理の委託費を差し引きます。ワンルームなどの区分マンションはマンション管理組合に対して支払う管理費、修繕積立金も差し引きます。

ローンの返済方法によって、手残りは大きく変わってきます。元金、利率、返済期間を入力すると、毎月の返済額を計算してくれるサイトもあるので、利用してみてください。

変動金利で借りる方は、過去の変動金利の推移を確認して、**利率が2、3%程度上がった場合でも手残りが残るかどうかを計算し、利息変動のリスクを許容**しておくことが大切です。家賃収入の実質利回りと金利の差であるイールド・ギャップが生じるのは大前提であり、手残りを追求していきます。損益状況が良く見えても、資金繰りが悪化して倒産する、いわゆる黒字倒産と同じ考え方です。

仲介物件ではなく、売主物件にはいくつかのメリットがありますが、その一つが売主の不動産提携ローンの利用です。通常の不動産投資ローンの利率に比べて利率が低く、支払う利息を抑えることができます。

毎月の返済額を少なくするポイントは、ローンの借入期間を可能な限り長くすることです。不動産投資が初めての方は借入の最長期間である35年で借りたいところです。アパートでは、家賃収入に占める利息を含めたローン返済の金額の割合は50%に抑えておくのが理想です。

毎月のキャッシュ・フローを年間で計算し、比較的大きな支払いである固定資産税や不動産所得の税金を差し引くと、年単位での手残りを把握することができます。最終的に税金の計算は一円単位まで行う必要がありますが、ここでは、おおまかなキャッシュ・フローを把握することに主眼を置いているため、概算でかまいません。表面利回り、実質利回り、そして手残りであるキャッシュ・フロー利回りをある程度把握しておきます。

減価償却費がローンの元金の返済額を上回る状態をデッド・クロスと呼び、資金繰りが悪くなると警笛を鳴らす方が多くいますが、両者を比較することにあまり意味がありません。お金の支払いは、減価償却費そのものの金額ではなく、減価償却費に税率をかけて計算した税金相当だからです。

減価償却には自己金融効果があると言われています。自己金融効果とは、減価償却費がお金の支出を伴わない費用であるため、売上等から減価償却費相当のお金が溜まっていくことを言っています。ただし、自己金融効果は最初にお金を払って減価償却資産に投資をしている前提です。**不動産投資はそもそもローンで行うことが前提であり、減価償却費を計上するとともにローンの返済としてお金を払っているため、お金を払って減価償却費という経費を計上しているに過ぎません。実質的には自己金融効果は見込めないのです。**したがって、減価償却費とローンの元金の返済額を比べることにあまり意味はありません。

減価償却費のメリットを享受したいのであれば、物件を買い換えることになりますが、デッド・クロスを懸念するよりも大切なことは、家賃収入が見込める物件を選んだ上で、継続的に家賃収入が入ってくるようにリフォームをすることです。そして、融資期間を長

▶ デッド・クロスの偽り

	10年後	20年後	30年後
①家賃収入	500	500	500
②減価償却費	300	200	100
③元金返済	200	200	200
④利益（①－②）	200	300	400
⑤税金（④×20%）	40	60	80
⑥キャッシュ（①－③－⑤）	260	240	220

※税率20%と仮定

減価償却費の税金相当がキャッシュに影響！

20年後にデッドクロスを迎え、30年後には減価償却費よりローンの元金の返済額の方が大きくなりますが、**キャッシュへの影響は減価償却費100の税金相当20が減っているに過ぎません**。10年後とデッドクロスを迎えた20年後を比較しても、キャッシュへの影響は税金相当20で同じになります。

つまり

デッドクロスを把握することに意味はなく、減価償却費が減っているという事実が存在するだけです。家賃収入500をしっかり確保し、ローンの元金返済200を抑えることの方が大切です。

くするなどしてローンの元金の返済額を可能な限り抑えることです。

消費税インボイス制度への対応

インボイス制度が導入され、支払った消費税を差し引くかどうかは、相手方からの請求書に基づき判断することになりました。税務署に申請書を提出し、適格請求書発行事業者として登録されると、請求書に登録番号を記載して発行することができます。相手方は、請求書に記載された登録番号を確認して、支払った消費税を差し引きます。

しかし、**マンション、アパート等の居住用物件を貸付けている方は、適格請求書発行事業者として登録する必要はなく、インボイス制度への対応は不要です。なぜなら、居住用物件の家賃収入には、そもそも消費税がかかっておらず、登録してもしなくても、相手方は消費税を差し引くことができないからです。**

2年前（基準期間）の消費税がかかる売上等（課税売上）が、1，000万円を超えると課税事業者になります。課税事業者になると、消費税の納税義務を負うため、消費税の申告を行い、納税する可能性が出てきます。居住用物件の家賃収入は消費税がかからないため、課税売上は生じませんが、適格請求書発行事業者として登録すると、基準期間の課税売上に関係なく、課税事業者になってしまいます。
居住用物件の家賃収入には消費税はかかりませんが、売却した場合には、建物部分に消費税がかかり、課税事業者になると、消費税を納めなくてはいけません。居住用物件を購入する際に支払った建物部分の消費税を差し引くことはできませんが、3年で売却した場合には、売却した年に差し引くことが可能です。もっとも、譲渡所得の軽減税率が適用されませんし、不動産投資で3年という短期間で売却することは、コスト面を考えると想定し辛いです。

修繕等で相手先からの請求書に登録番号が記載されている場合には、支払った消費税を差し引けるのではないかと思うかもしれません。しかし、消費税がかからない居住用物件の貸付けに対応しているため、差し引くことはできません。

一方で、テナントビルなどの事業用物件の貸付けには消費税がかかります。基準期間の課税売上が1、000万円を超えると、課税事業者になり、消費税の納税義務を負うため、通常は、適格請求書発行事業者として登録します。

基準期間の課税売上が1,000万円以下の場合は登録すべきでしょうか。

当面の間は登録する必要はないと考えます。消費税を計算する手間がかかりますし、消費税の申告を行い、納税することになります。それに、令和8年9月までは相手方が支払った消費税の80%までを差し引くことができる経過措置が設けられているため、迷惑がかからないからです。この経過措置の期間も更に伸びる可能性があり、様子を見る方向で動いた方が無難です。

適格請求書発行事業者として登録せずに、物件を不動産会社に売却する際に、注意していただきたい点があります。令和8年9月までは、不動産会社が支払った建物部分の消費税の80%までを差し引くことができるので問題ないと思いますが、**20%については取引金額を減額されるかもしれません。できる限り、高く売りたいところですが、もともと不動産の適正額がわかり辛いため、大幅な減額を受けていないかどうかを検討するようにしてください。**

第2章

不動産投資家の所得税の節税

任意償却できる開業費を計上して、2年目以降に節税

開業費は、事業を開始するまでに、開業準備のために支払った経費です。次のようなものがあげられます。

・開業のためのセミナー、研修の参加費用
・開業のための書籍代
・調査、挨拶回りのための旅費交通費
・案内、チラシなどの作成費用
・ホームページの作成費用
・名刺、印鑑の作成費用
・人材募集の広告費
・パソコン購入費用
・打ち合わせ費用
・関係先への手土産
・開業までの借入金利子

あくまでも開業準備のために支払った経費ですので、仕入、資産として計上すべき次の費用は開業費になりません。

・商品などの仕入代金は、事業を開始してから仕入に計上

・ログイン、オンラインショッピング、検索等の機能を有するホームページの作成費用（ソフトウェア開発費用）やパソコン購入費用等で10万円以上するものは、固定資産に計上し減価償却（青色申告者は30万円未満であれば少額減価償却資産として消耗品費等の費用に計上可能）

・礼金、敷金は資産に計上し、礼金は繰延資産（長期前払費用）として契約期間で費用按分（20万円以下の礼金は支払手数料として費用に計上）

開業準備のために支払った経費は、基本的に開業費になりますが、借入金で不動産を取得し、事業を開始するまでに支払った利息は開業費になりません。不動産の取得価額になるか、開業費になるかが争われた事案で、国税不服審判所は、借入が不動産の取得に起因するため、取得価額を構成すると判断しています。

開業費を計上することができる期間については、法令等に記載されているわけではありませんが、通常は、「事業開始を準備した日」から事業開始日までになります。

不動産投資家の事業開始日は、入居の募集や広告を始めた日になりますが、中古のオーナーチェンジ物件であれば、最初の物件の引渡日になります。

「事業開始を準備した日」は、対外的な書類で確認することができるわけではありません。**自分の中で開業しようと思った日であり、さかのぼろうと思えば、いくらでもさかのぼれますが、良識の範囲内でさかのぼります。**

私は、最初の物件の引渡日の半年くらい前に不動産投資を本格的に始めようと思い始めました。多くの場合、**半年から1年が目安**ではないでしょうか。

だからといって、それを超えるから認められないわけではありません。大切なことは、開業の準備のために経費を支払っている事実があり、その中で、最初に経費を支払った日が始まりになるということです。

「事業開始を準備した日」から支払った経費が、開業費になると考えて、領収書やレシートを保管している人は少ないです。なぜなら、その時は誰も教えてくれないからです。確定申告をしようとしたときに初めて、開業費に計上することができると気づきます。その時には遅くて、領収書やレシートをすでに破棄しており、拾い漏れが生じてしまいます。**一つ一つの経費は少額かもしれませんが、ちりも積もれば山**となり、それなりの金額になります。「事業開始を準備した日」から、将来の売上に結び付く大切な経費が発生しています。**開業費に計上することができると意識して、開業準備のために支払った経費の領収書やレシートを保管**しておいてください。

開業費は、「費」という漢字が使われていますが、資産です。支払った時に資産に計上し、事業を開始してから5年または任意の期間で費用として償却していきます。開業費の金額の範囲内で、**任意に償却をすることができます。開業費を計上した年に全て償却することも、未償却残高を2年目以降の好きな年に必要経費**にすることもできます。

初年度は物件購入のための初期費用がかかるため、2年目以降に黒字になったときに、開業費を償却した方がよいかもしれません。ただし、不動産所得は給与所得と損益通算することができるため、通算後の所得が税率の境界線のやや上にある方は、1年目にあえて償却し、軽減された税率の恩恵を受けた方がよい場合もあるので、試算して開業費の償却をいつにするかを検討してみてください。

建物の取得価額を大きくして、減価償却費を多く計上する方法

中古物件は建物と土地をあわせた価格で売りに出し、その後、契約する段階で、売買契約書に消費税の金額を記載することにより、建物と土地の価格の内訳を決めることが多いです。建物の価格は消費税を割り返した金額で、残額が土地の価格になります。

建物の価格が高くなると、買主は減価償却費を多く計上することができます。一方で、建物の売買取引は消費税がかかるため、建物の価格が高くなると、売主は消費税を多く納める必要があります。ここに、相反する利害が生じます。

買主は、合理的に区分して建物の金額を計算した上で、その範囲内で建物の価格を可能な限り高くして、売主に主張したいところです。

建物と土地の合理的な区分方法

・時価の比率により按分する方法

・相続税評価額、固定資産税評価額、原価をもとに按分する方法
・不動産鑑定評価額

区分する方法として、時価は法令に規定されており、相続税評価額、固定資産税評価額、原価は国税庁のタックスアンサーに掲載されています。

時価を把握するには、周囲の取引状況を確認する手間やコストがかかります。不動産鑑定士に評価を依頼してもコストがかかります。原価についても、中古物件を購入する際には、見積書などの建築時の書類がないことが多く、把握することは難しいです。

簡単に計算することができる2つの方法を紹介します。一つは、固定資産税評価額の比率により按分する方法です。売主に「買うことを検討しているが、固定資産税評価額を確認したいため、固定資産評価証明書か固定資産税課税明細書が欲しい」と伝えてみてください。所有者は証明書を取得することができますし、毎年、固定資産税が通知されるときに明細書が同封されています。証明書や明細書には土地と建物の評価額が記載されており、区分マンションでは土地の評価額に持分をかけて計算します。

もう一つは、相続税評価額の比率により按分する方法です。土地の評価額は、路線価に

現況地積、持分を乗じた上で、更に貸家として（1－借地権割合×借家割合30%）をかけて計算します。固定資産評価証明書や固定資産税課税明細書で現況地積を確認することができます。借地権割合は路線価に掲載されています。相続税等の計算の際には、土地の現況により補正率などを使って細かく評価額を算定しますが、ここでは概算額でかまいません。建物の評価額は、固定資産税評価額に、こちらも、貸家として（1－借家割合30%）をかけて計算します。

固定資産税評価額、相続税評価額により計算し、建物の評価額が高い方を使ってください。もっとも、**買う方は条件を有利に進めることができるため、固定資産税評価額、相続税評価額による建物の評価額を基準にして多少上げるつもりで交渉してもよい**と思います。

建物附属設備を計上する方法（コスト・セグリゲーション）

築年数15年を経過していない築浅の物件を購入した場合には建物附属設備を計上することができます。

建物附属設備の耐用年数は、建物より短くなっています。コンクリート造のマンションは47年、鉄骨造のマンションは34年、木造のアパートは22年ですが、建物附属設備である電気設備、給排水・衛生設備、ガス設備は15年、エレベーターは17年です。

耐用年数で償却するため、建物附属設備の減価償却費の金額は大きくなります。

全ての期間を通した減価償却費の合計金額は同じですが、早期に多額の減価償却費を計上することができます。将来、減価償却費を計上して１００万円の税金の還付を受けるよりも、今、減価償却費を計上して１００万円の税金の還付を受けた方が、お金の時間的な価値が高いことになります。

減価償却費は、建物、建物附属設備等の減価償却資産の種類の区分ごとに計算することが所得税法、法人税法に規定されています。更に、通達（調査官が仕事をする上で従うものですが、実質的に納税者も拘束されています）にも、コンクリート造のマンションの建物附属設備は、建物と区分して、耐用年数を適用することが記載されています。

建物と建物附属設備に区分することは「できる」ではなく、むしろ区分しないといけないことになっています。強制適用ですが、15年を経過していない不動産で建物附属設備が計上されていなくても、見過ごされます。

建物附属設備の割合は約30％であるため、30％で建物附属設備を計上している人がいますが、この方法は適切ではありません。

判例などから、次のいずれかの金額、割合により、建物と建物附属設備に区分することになっています。

①売買契約書に記載された金額
②工事請負契約書に記載された工事費の割合
③固定資産税評価額の再建築費評点数計算書に記載された再建築評点数の割合
④同業他社の物件から見積もった割合

①から順に優先して適用します。②の工事費、③の再建築評点数は、建築時の数字であるため、損耗を考慮し、経過年数で減価償却した後の数字を使います。

通常、売買契約書には、消費税が記載されており、割り返すことによって、建物の価格を把握することができます。それとは別に、建物附属設備の価格を売買契約書に記載するということは、金額の根拠が必要であるため、売主からの協力がないと①の契約書の金額を使うことはできません。

建築時に作成された工事請負契約書は、中古不動産の売買には必要ありません。工事請負契約書が残っていないことも多く、②の工事費の割合で按分することも難しいです。

都税事務所、市役所から再建築費評点数計算書を取得する必要がありますが、**③の再建築評点数の割合により按分する方法は、他の方法に比べると、比較的、手軽に行うことができ**、私も利用しています。
④の同業他社の物件を調査し、見積もった割合を使うには、手間やコストがかかります。
それでは、私が実際にどのように再建築費評点数計算書を取得したかをご紹介します。

再建築費評点数計算書は、建物の固定資産税を計算するために、建築時に市区町村（東京23区は管轄の都税事務所）の担当者が作成します。再建築費評点数計算書には、主体構造部、基礎工事、骨組、仕上げ、建具、設備ごとに評点数を設けられており、積算して、固定資産税が計算されます。

再建築費評点数計算書を取得するには、次の3通りの方法があります。

①固定資産税の通知に対して不服申し立てを行う。
②個人情報の情報開示請求を行う。
③窓口の担当者にお願いする。

①の不服申し立ては、課税された金額に納得がいっていないことが理由であるため、ハードルが高いです。

③の窓口の担当者にいきなり電話しても、断られる可能性があります。

私は、まず**②の情報公開請求書を郵送で提出しました。建物附属設備を計算したいので、再建築費評点数計算書が欲しい旨をメモ用紙に書き、免許証、登記の写しと返信用封筒を併せて郵送**しました。

その後、窓口の担当者から、情報公開請求書を提出するまでもなく、再建築費評点数計算書を渡す旨の連絡がきたので、郵送してもらいました。

結果的に、③の方法により再建築費評点数計算書を取得することができましたが、②の方法で情報公開請求書を提出することによって、相手が真剣に対応するため、有効であったと感じています。

▶ 再建築費評点数計算書

評点数算出欄　　固定資産（家屋）

決裁						係長		調査員	

評点項目				標準評点数	補正	係数	評点数
建具	(中) 普通の・雨戸なし	7640×0.87=6646	6,646	6,646	多少 程度		6,646
その他工事	(中)			4,000	多少 程度		4,000
仮設工事					数量		

建築設備	評点項目	標準評点数	補正係数	評点数	評点項目	標準評点数	補正係数	評点数
	ドアホン（カラーCM付）	28,470	1.30 / 4.00	148,044	総合評点方式	4,530	0.945	4,280
	便器（洋式）	48,200	1.00 / 4.00	192,800				
	洗面化粧台60cm	59,840	0.90 / 4.00	215,424				
	システムキッチン180cm	303,590	0.80 / 4.00	971,488				
	ユニットバス0.75坪	318,180	0.92 / 4.00	1,170,900				
	給湯器（追炊機能付）	205,770	1.00 / 4.00	823,080				
	換気扇	12,570	1.00 / 4.00	50,280				
	便用口	870	1.00 / 4.00	3,480				

$$\frac{3,575,496}{228.58} = 15,642$$

19,922

評点数		再建築費評点補正率	
再建築費評点数	77,263		

補正率	経年減点	需給事情	1点当り価格	
	0.80		0.99	

備考　所有者：
施工

建物附属設備の評点数

建物全体の評点数

建築設備（建物附属設備）

それでは、実際に取得した再建築費評点数計算書により建物附属設備を計算していきます。

評点数を建物と建物附属設備に分けます。建物が57、341（＝77、263－19、922）と建物附属設備が19、922です。

中古物件は損耗を加味し、減価償却が済んでいない未償却残高の割合で按分する必要があります。私が購入した1棟アパートは13年を経過していました。

建物の耐用年数22年の償却率は0・046、建物附属設備の耐用年数15年の償却率は0・067です。

建物の未償却残高が23、051（＝57、341－57、341×0・046×13）、建物附属設備の未償却残高が2、569（＝19、922－19、922×0・067×13）になります。未償却残高の合計は25、620になり、建物と建物附属設備の割合は23、051：2、569になります。

契約書上の建物の価格が約1、500万円でしたので、建物の計上金額が1、350万円、建物附属設備の計上金額が150万円になります。

建物１、５００万円を中古の耐用年数11年（＝22－13＋13×20％）、償却率０・０９１で減価償却費を計算すると毎年１３６万円になります。

建物１、３５０万円では減価償却費は１２２万円になります。建物附属設備１５０万円を中古の耐用年数４年（＝15－13＋13×20％）、償却率０・２５０で減価償却費を計算すると毎年37万円になります。建物と建物附属設備の減価償却費の合計額は１５９万円で、毎年23万円も減価償却費を多く計上することができます。**建物附属設備の耐用年数である４年間に渡って、毎年23万円多く減価償却費を計上することができるため、総額で約１００万円も節税効果**があることになります。

建物の価格が大きいと、更にその効果が高まります。

アメリカでは、耐用年数を経過した中古不動産を購入しても、建物、建物附属設備、動産に区分して計上します。これをコスト・セグリゲーションといい、内国歳入庁（日本でいう国税庁）が認めています。

日本では、裁判所の判断からすると、建物附属設備の耐用年数15年を経過した中古不動産を購入しても、損耗を考慮しないといけないため、建物附属設備を計上することはできません。裁判所は、損耗を考慮する必要があるため、減価償却費を計算し、未償却残高の割合で按分すると判断しています。建物附属設備の耐用年数15年を経過している中古不動産は、全額が建物に計上され、建物附属設備を使用しているにもかかわらず、建物附属設備を計上することができません。

裁判所の判断に基づくと、建物の耐用年数47年を経過している中古不動産を購入した場合には、建物を計上することができないことになります。しかし、当然そうとはならず、購入代価を支払っている限り、建物を計上する必要があります。さきほどの判断と矛盾しているのではないでしょうか。

固定資産税の建物の評価では、建物と建物附属設備をあわせた再建築費評点数（建築材料などを点数として積み上げたもの）に減点補正率（償却率みたいなもの）をかけて、損耗を認識しています。建物と建物附属設備といった部分ではなく、建物全体の平均として、性能の劣化をとらえています。固定資産税の評価の考え方によると、損耗の割合は一定であり、結果として、建築時の工事費、再建築費評点数の割合で、建物と建物附属設備に区分します。

建物附属設備を含めた建物全体を使用できる状況で購入しているのであれば、全体として損耗を認識する固定資産税の評価の考え方の方が合理的である気がします。

反論を申し上げましたが、損耗は耐用年数により認識するというのが裁判所の判断であり、それに従って、建物附属設備を計上すべきです。

それでも、耐用年数を経過している建物附属設備を計上する方法があります。

区分マンションであれば、マンション管理組合から、工事年月日、内容、金額が記載された修繕工事一覧を取得します。

その中から、付加価値をつけているような建物附属設備の工事を拾います。共有部分の工事であるため、持分割合をかけて、自分の負担分を計算します。損耗を考慮し、経過年数で減価償却した後の金額を使います。

また、売主が、キッチン、お風呂、トイレなどを新たに設置した上で、物件を売却することもあります。この場合には、売主に工事明細書の写しを依頼し、明細書の金額で建物附属設備を計上します。

不動産鑑定士に建物附属設備の評価を依頼する方法もありますが、コストがかかりますし、絶対的な評価ではありません。

いずれ減価償却費として計上することができます。また、売却時には減価償却していない分だけ、譲渡原価が大きくなります。そうであれば、わざわざお金を払ってまで、鑑定評価を依頼することはありません。

アメリカにはコスト・セグリゲーションを専門に行う会社があり、動産の計上も積極的に行われています。その会社の調査によると、動産の割合は意外に高く、20％近くを占める不動産も中にはあります。日本では耐用年数を経過した動産の計上は当然認められていません。

中古物件はオーナーチェンジの物件で、借主が住んでいる状態で引き継がれることが多く、内見することは難しいかもしれませんが、タイミングがあえば、内見はしておくべきです。

例えば、エアコンの型番を確認して、最近設置されたものである場合には、型番から金額を調べて、動産を計上することができます。

不動産購入時の初期費用を経費にする

購入した減価償却資産の取得価額は、購入代価に、引取運賃、荷役費、運送保険料、購入手数料、関税、購入のために要した費用を加えると法令に規定されています。

不動産を購入する際に支払った仲介手数料は、購入手数料であるため、取得価額に含める必要があります。仲介手数料とは別に、不動産を購入する際にコンサルタント料を払うことがあると思います。仲介手数料と同様に、取得価額に含める必要があるのでしょうか。

コンサルタント料の内容によって、購入のために要した費用であるかどうかを判断します。**不動産投資全般の相談、不動産の選定段階での相談に対するコンサルタント料は、購入のために要した費用とはいえず、経費**になります。一方、売主を紹介してもらい、不動産を購入したあかつきに、紹介の対価として支払うコンサルタント料は、購入のために要した費用であり、取得価額に含めます。コンサルタント料が売買価格に応じて計算するとされていれば尚更です。

土地の上に建物を建築してもらう際に支払った、次の業務委託費が建物の取得価額に含まれるかどうかが争われた事案があります。

・建物の建築に係る立地調査、基本計画プラン、建築計画プランの作成等の基本企画業務
・建築確認に係る各種工事監理等の設計監理業務
・建物に係る基本構想及び周辺環境等の事前調査等のコンサルタント業務
・建物の近隣住民等に係る近隣対策業務
・施行会社との折衝業務といった各業務

裁判所は、賃貸用マンションとしての事業に使うために必要な作業であり、購入のために要した費用であると判断しています。

いずれも建物に関係する費用であることを考えると、先のコンサルタント料も、購入する不動産が決まった上で、売買価格、契約条件等の相談にのってもらう費用は、購入のために要した費用といえます。相談料、紹介料と合わさったようなコンサルタント料もあり、

▶ 初期費用の判断

取得価額	経費
・仲介手数料	・コンサルタント料（相談料）
・固定資産税の精算金	・不動産取得税
・コンサルタント料（紹介料）	・登録免許税
	・登記・登録のための費用
	・融資事務手数料
	・収入印紙代
	・管理費、修繕積立金の精算金
	・火災・地震保険料

ご自身で判断が難しい場合には、否認されるリスクをとる必要はなく、いずれ減価償却費または譲渡原価に計上される取得価額に含めておきます。

なお、仲介手数料やコンサルタント料で取得価額に含めるものは、土地と建物の価格で按分し、それぞれの取得価額に反映させます。

固定資産税の精算金は、地方公共団体に支払う固定資産税そのものではありません。売主と買主との間で行う金銭のやりとりですので、取得価額に含める必要があります。固定資産税を負担することなく、不動産を所有し、使用することができるため、購入代価の一部を支払っていると考えます。固定資産税の精算金も、土地と建物の価格で按分し、それぞれの取得価額に反映させます。

固定資産税の精算金が土地の取得価額に含まれると、減価償却により経費に計上することができません。固定資産税の精算は、商慣習として行われており、売買契約書にもその旨が記載されています。法令で支払わないといけないと決まっているわけではありません。売主と買主が固定資産税の精算金を払わない旨の合意をすれば、支払う必要はありません。**売主に交渉して、固定資産税の精算金の金額相当を、建物の取得価額に上乗せしてもらえれば、減価償却費として経費に計上**することができます。

不動産取得税、登録免許税、登記・登録の費用は、経費として計上することができます。事後的な費用だからです。不動産取得税は財産の権利移転に課される税金、登録免許税、登記・登録の費用は、第三者対抗要件を備えるための費用です。

これらの費用については、個人は「必要経費に算入する」、「取得価額に算入しない」と言い切っており、法人は「取得価額に算入しないことができる」と、あくまでも「できる」と規定されています。個人の記帳状況を考え、個人は画一的に取り扱うことにしています。

個人がこれらの費用を必要経費ではなく、不動産の取得価額に含めた場合には、更正の請求により、経費として認められる余地はありますが、法人は難しいです。

融資事務手数料は、経費として計上することができます。不動産投資ローンを受けるための手数料であり、人件費に係るコストだからです。本人確認書類、所得確認書類、担保不動産の資料などを確認した上で、返済能力の有無を検討し、不動産の担保価値を見極めます。不動産鑑定士に不動産の担保としての価値の評価を依頼することもあります。

その他には、**売買契約書に貼る収入印紙代、管理費・修繕積立金の精算金、火災・地震保険料（期間按分）があり、いずれも経費として計上**することができます。

家賃収入を1か月遅らせて計上する方法

家賃収入の計上時期は、原則として個人と法人では異なります。

所得税法の通達には、家賃収入の計上時期は「契約又は慣習により支払日が定められているものについてはその支払日」と記載されています（所得税法基本通達36－5）。通常、賃貸借契約を結ぶため、契約書に記載された支払日に収入を計上することになります。ほとんどの契約は、翌月分の家賃を当月末に支払うことになっています。つまり、**個人は、来年の1月分の家賃も今年の収入に計上**する必要があります。

管理会社を通して支払いを受けている場合でも、賃貸借契約の借主が家賃を支払う日になります。管理会社は貸主と借主の間に入って、家賃の振込みを媒介しているにすぎないからです。**管理会社からの家賃の振込日で収入を計上している誤りが多い**ので注意してください。

法人税法の通達には、家賃収入の計上時期は「履行義務が充足されていくそれぞれ日の属する事業年度」と記載されています（法人税法基本通達2－1－29、2－1－21の2）。賃貸期間に履行義務が日々充足されていくことになります。つまり、法人は、来年の1月分の家賃を来年の売上に計上することになります。

以上のように、個人と法人では、家賃収入の計上時期が1か月ずれることになります。

個人の家賃収入計上の仕訳

	計上日	借方	貸方
直接	12月末	預金	前受収益
	1月末	前受収益	家賃収入
管理会社利用	12月末	未収入金	前受収益
	1月（管理会社振込日）	預金	未収入金
	1月末	前受収益	家賃収入

それでも、例外として、個人が家賃収入の計上時期を1か月遅らせて、法人と同じにする方法があります。

帳簿書類を作成し、前受収益で経理することにより、貸付期間に応じて、貸付期間の年分の収入に計上することができます。前受収益で経理する理由は、本来は昨年の収入に計上すべきものを、振替仕訳をすることで今年の収入に忘れずに計上するためです。詳しく知りたい方は、昭和48年11月6日に出された個別通達「不動産等の賃貸料にかかる不動産所得の収入金額の計上時期について」をお読みください。

家事関連費を必要経費にする

家事関連費とは、一つの支払いが、家事と業務の両方に関わる費用をいいます。家事関連費が業務を行う上で必要であり、必要である部分を明らかに区分することができる場合に、経費にすることができます。青色申告者は、取引等の記録に基づいて、業務を行う上で直接必要であったことを明らかにする必要があります。

次のような不動産投資家が支払った飲食代は経費になります。

・本人の食事代、特定の従業員との食事代は経費にならないが、全従業員が参加する食事代を福利厚生費に計上

・カフェで仕事をする際のコーヒー代を雑費に計上

・売主、仲介業者、管理会社などの取引先と打ち合わせを兼ねた食事代を会議費に計上

・テナント、借主を含めた取引先との飲食代、手土産、ギフト券の贈答費用は、円滑な取引関係を維持するための費用であり、業務を行う上で必要であることから、交際費に計上

弁護士会の役員としての活動に際して、支払った懇親会の費用が、弁護士事業の経費になるかどうかについて、裁判で争われました。地方裁判所、高等裁判所と判決が別れましたが、最終的に、懇親会の費用は、業務と直接関係しなくても、業務を行う上で必要があれば、経費になると判断されました。取引先などの関係者以外でも認められたかたちにな

ります。

法人においては一定の限度額を超える交際費は費用になりません。一方、個人においては交際費が経費として認められるため、**個人の方が交際費の範囲が広いと誤って認識されている方もいらっしゃいますが、個人は業務を行う上で必要という前提条件があります。**

不動産投資家が物件の補修の必要性、クレーム等を把握するために、テナントに入っている会社の社長と行ったゴルフ代が交際費になるかどうかについて争われた事案があります。国税不服審判所は、物件の補修の必要性、クレーム等を把握するためにわざわざゴルフをする必要がないことから、経費にならないと判断しています。また、不動産貸付に有益な情報を得るために、昔の勤務先の人と行ったゴルフ代も、業務を行う上で直接必要であったとまではいえないことから、経費にならないと判断しています。

法人がゴルフをしながら取引先と談笑したとしても、一定の限度額内であれば費用として認められますが、**個人はゴルフ代を経費にすることはできません。また、キャバクラ代は飲食代であり、個人でも経費として認められますが、**個人的には必要経費としての必要性を感じません。

家族従業員のみの旅行は、慰安する目的で行われたとしても、家族旅行と変わらないため、経費にすることはできません。

次のような不動産投資の書籍で直接関連するものは、新聞図書費として経費にすることができます。

・（物件を購入しないと、家賃収入が得られないため）物件の購入に係る書籍代
・（不動産投資では、通常ローンを組んで物件を購入しているため）不動産の融資に関する書籍代
・（確定申告等で必要であるため）不動産の税金、節税に関する書籍代

法人化、不動産の相続に関する書籍代は、ぎりぎりいえば、経費になりません。不動産投資家の家賃収入に法人化や不動産の相続は直接関連していないからです。

国税不服審判所は、不動産貸付業者が事業で実際に活用した書籍の購入費用を経費として認めています。単に業務と関連があるだけでなく、客観的にみて費用が業務と直接関係

している必要があるとしています。したがって、不動産投資に関する書籍を購入しただけではなく、その**書籍のどこの箇所を実際、事業に利用したかを明確にしておきます。**

また、宅地建物取引士の**資格取得に関する書籍代、試験費用は、不動産取引に関連するため、経費として認められそうですが、事業には間接的に関連しているに過ぎず、プライベートな教育費であるため、経費にすることはできません。**

パソコンを使って、確定申告のために帳簿書類を作成したり、インターネットで不動産投資について、わからないことを調べたりすることがあります。

帳簿書類を作成するために、会計ソフトを利用すると、会計ソフトの購入費用が経費になります。クラウド型は通信費、インストール型は10万円（青色申告者は少額減価償却資産として30万円）未満であれば、減価償却資産に計上せず、消耗品費として一時の経費にすることができます。

不動産投資のみに使うパソコンの購入費用は、先ほど同様、10万円（青色申告者は少額減価償却資産として30万円）未満であれば、消耗品費として一時の経費にすることができます。

ただし、パソコンの購入費用の全額を経費で処理するのは、プライベートで使用していないことが前提です。

一つのパソコンを不動産投資とプライベートの両方で使っている場合には、使用時間、使用割合で按分して、経費に計上します。インターネットの回線費用も、同様に按分して、通信費として経費に計上します。経費を少しでも多く計上したい場合には、面倒かもしれませんが、不動産投資とプライベートにおけるパソコンの使用時間を記録して、残しておく必要があります。

物件の確認、取引先との打ち合わせ等で自家用車を使っている場合には、次の費用を走行距離、使用日数で按分して、経費にすることができます。

・車の購入代金は減価償却費
・ガソリン代、駐車場代、車検費用は車両費
・自動車税は租税公課
・自動車保険料は損害保険料

この場合も、不動産投資とプライベートにおける車の走行距離、使用日数を記録して、

残しておく必要があります。

地方の物件を実際に確認しに行くことがあると思いますが、交通費、ホテル代は、旅費交通費として経費にすることができます。事業で行っている以上は、日程表、調査報告書、写真等を残しておく必要があります。プライベートな旅行を兼ねている場合には、日程表による事業従事割合などで按分して、経費に計上します。最終的に物件を購入したかどうかは関係ありません。

事務所に関連する次の経費を使用面積割合、使用割合（水道光熱費についてはコンセントの数、メーターも考慮）で按分して、経費に計上することができます。

・借家であれば家賃、持家であれば計算した減価償却費
・持家の場合に支払っている固定資産税
・持家の場合に支払っている住宅ローンの借入金利子
・水道光熱費

ただし、プライベートとは別にして事業として実体を伴っているスペースがないと、経

費にすることはできません。

住宅借入金控除の適用を受けている人は、事業割合が10％を超えると、住宅借入金控除の金額が事業割合に応じて減少するため、注意が必要です。更に、事業割合が50％以上ですと、適用が受けられなくなります。10％を超えて事業割合を増やした場合の経費による節税の効果と住宅借入金控除の減少額を実際に試算して、比較検討します。

修繕費と資本的支出の区分を適正に行う

まずは、修繕を行う前に、その修繕が本当に必要かどうかを考えてください。必要のない修繕にお金を払うのは節税ではなく、無駄づかいです。例えば、１００万円を払って修繕をしたとします。税率30％だとすると、30万円は節税になっても、残りの70万円は手元からお金がなくなります。

キッチン、トイレ、お風呂等は居住する人の生活に欠かせない設備であるため、故障等に対して必ず対応する必要があります。一方で、リフォームをする際の付加価値は必要ありません。きれいな印象と清潔感を保ち、必要最低限の生活を送ることができるようにしておけば入居者は入ります。

▶資本的支出と修繕費の例

資本的支出	修繕費
・建物の避難階段の取付等の物理的な付加 ・用途変更のための模様替え等の改造、改装	・建物等が地盤沈下により海水等の浸害を受けることとなったために行う床上げ、地上げ又は移設（床上工事等が従来の床面の構造、材質等を改良するものである等の明らかに改良工事である部分は除く）

修繕費か、資本的支出かの判断は重要になってきます。資本的支出に該当すると、建物の耐用年数により減価償却していくことになり、費用化が遅れるからです。

法令には、資本的支出は、「使用可能期間を延長させる」、「資産の価額を増加させる」ものと規定されていますが、その判断は通達や判例等を参考にして決めていきます。通達には、基本的な考え方として、「価値を高め、耐久性を増す」と資本的支出、「通常の維持管理、原状の回復」のためであると修繕費になると書かれています。いずれも概念的でわかり辛いです。

更に、通達は資本的支出や修繕費の例をあげています。物理的に何かを設置したり、用途を変更するために改修したりすると資本的支出になります。

▶ 資本的支出と修繕費の判定フローチャート

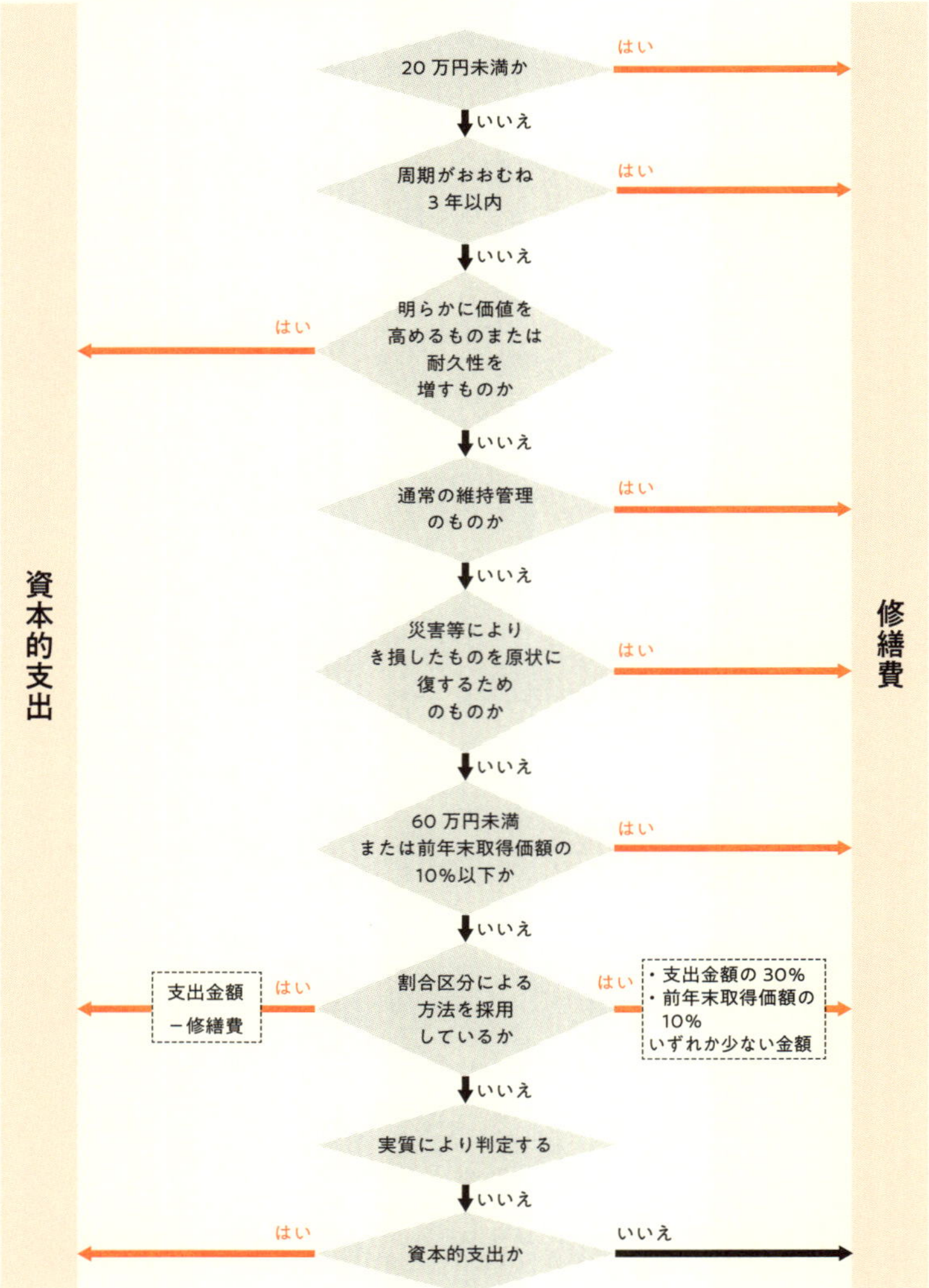

実務では、まず、金額が20万円未満であるかどうか、または、約3年以内の周期で行われているかどうかを確認して、いずれかに該当する場合には、修繕費として判定します。それらに該当しない場合には、先ほどの基本的な考え方により、修繕費か、資本的支出かを判断していきます。判断することができないときは、金額が60万円未満であるかどうか、または、修繕を行った固定資産の前期末の取得価額の10％以下であるかどうかを確認し、いずれかに該当すると、修繕費として判定します。いずれかに該当しなくても、継続適用を条件として、修繕の金額の30％と修繕した固定資産の前期末の取得価額の10％のいずれか少ない金額を修繕費として、残りを資本的支出として計上することもできます。

エアコン、給湯器等が古くなって、新たなものに取り換えると、資本的支出になりますが、蛍光灯をＬＥＤに取り換える費用は修繕費になります（国税庁の質疑応答事例）。もっとも、30万円未満であることが多く、青色申告者は少額減価償却資産として経費にすることができます。

一つの工事で金額が大きくても、内訳を確認すると、工事がわかれていて、金額が小さかったり、少額減価償却資産が含まれていたりすることがあるため、見積書等を確認して、それぞれの内訳で判断していくことを忘れないようにしてください。

資本的支出と修繕費の区分では、裁決が参考になります。屋根の雨漏りの工事については、使用可能期間の延長、資産の価額（利用価値）の増加により判断し、資本的支出になる工事と修繕費になる工事にわけている裁決があります（平成13年9月20日裁決）。

▶ 資本的支出と修繕費の例（裁決）

資本的支出	修繕費
・システムキッチン、ユニットバスの取替工事（平成 26 年 4 月 1 日裁決）	・外壁塗装工事、外壁美装工事（平成元年 10 月 6 日裁決） ・屋上の防水工事（平成 11 年 10 月 15 日裁決）

経費の先送りが必要な場合とその方法

青色申告特別控除を受けて、不動産所得が０になる場合は、これ以上経費を増やしても意味がありません。

不動産所得が赤字になる場合は、給与所得や事業所得と損益通算することができます。ただし、経費を増やして、**赤字の金額を大きくしても無駄になるケースがあります。それは、赤字の金額**

が土地の借入金利子の金額の範囲内であるときです。土地の借入金利子の金額を赤字と考えないため、不動産所得が0となります。

このような場合には、経費を先送りして、来年以降の収益と相殺した方が得ということになります。

固定資産税の分割納付による先送り

固定資産税は、原則として賦課決定の通知日により経費に計上しますが、納期が分割されているため、**納期の開始の日または実際に納付した日により経費に計上し**、先送りすることができます。

東京23区では、令和5年度の固定資産税の納税通知書は、6月1日に発送されるため、令和5年の確定申告で第1～4期分の全ての固定資産税を経費に計上するのが原則ですが、第4期の納期限の開始の日は翌年の令和6年2月1日であるため、令和6年の確定申告で第4期分の固定資産税を経費に計上し、先送りすることができます。

・第1期分（令和5年6月1日から6月30日まで）納期限6月30日
・第2期分（令和5年9月1日から10月2日まで）納期限10月2日

・第3期分（令和5年12月1日から12月27日まで）納期限12月27日
・第4期分（令和6年2月1日から2月29日まで）納期限2月29日

一括償却資産、少額減価償却資産による償却費の先送り

10万円以上20万円未満の減価償却資産は、一括償却資産として3年にわたって経費にすることができます。青色申告者は、30万円未満であれば、少額減価償却資産として一時の経費にすることができます。

基本通りに、減価償却資産に計上して、耐用年数にわたって減価償却費として経費にすることもできます。利益が出そうな年は一括償却資産または少額減価償却資産として、**経費を平準化したい時は減価償却資産として計上**することが可能になります。

ただし、一度選択すると変更することができませんし、個人の一括償却資産や減価償却資産の償却費の計上は強制適用ですので、慎重に検討したいところです。

修繕費をあえて資本的支出に計上

修繕費と資本的支出の区分を適正に行い、減価償却費として計上される資本的支出より

も、修繕費として早めに計上した方がよいと書かせていただきました。

しかし、両者の区分の判断は難しく、否認されるリスクをおかしてまで、**修繕費と資本的支出の判断がつかないグレーな費用を修繕費に計上する必要はありません。**税務調査において資本的支出を修繕費に減額更正する話は聞いたことがありません。

売却による譲渡所得税等を考慮した節税

不動産を売却する年の1月1日時点で、所有期間が5年以下の場合には、短期譲渡所得として税率39％（所得税30％住民税9％）で譲渡所得税等が課されます。5年を超えている場合には、長期譲渡所得として、軽減税率が適用され、20％（所得税15％住民税5％）になります。

所得税率が高い高所得者は、減価償却費を計上することによって不動産所得を抑えることができます。その結果、将来、不動産を譲渡する際の譲渡原価は低くなりますが、譲渡所得に対して20％と低い譲渡税率を適用することができます。所得税率と譲渡税率の格差を利用した節税になります。

特定事業用資産の買替特例による税の繰延

次の要件を満たす買替えをした場合には、譲渡所得税の70～80％を繰り延べることができます。譲渡益の70～80％を非課税にすることができます。あくまでも繰延べですが、買替時の税負担を軽減して、新たな不動産の資金に利用することが可能です。

買換特例の要件

・売却資産と購入資産とともに事業用資産で、事業用資産は不動産投資を行っているマンション、アパートでもよい。

・売却資産と購入資産は一定の組み合わせが必要で、主に利用されている組み合わせは、所有期間が10年を超える不動産を売却して、土地面積が３００㎡以上の不動産を購入（課税繰延割合は原則80％、首都圏以外→東京23区等は70％、首都圏以外→東京23区等を除く首都圏は75％）。

・購入資産が土地の場合は、購入資産の土地面積が、売却資産の土地面積の5倍以内。売却資産に比べて、広すぎる土地は購入できない。

・売却した年と同じ年だけでなく、その前年、その翌年にも購入可能。売却した年に確定申告を行う。その前年に購入する場合には、購入した年に先行取得資産の買替特例の届出が必要。また、同一年であっても買替特例の届出を提出する改正が行われた。
・購入した日から1年以内に事業で使う。

基本的には、売却資産と購入資産の土地、建物の組み合わせは自由ですが、売却資産が建物のみの場合は、購入資産が土地、建物の両方であったとしても、土地を購入資産にすることができません。なぜなら、土地を購入資産とした場合に、売却資産に土地が含まれていると面積制限を受けるのに、売却資産が建物のみだと面積制限を受けないのは、おかしいからです。

売却資産は土地のみでもよいため、駐車場を売却して、300㎡以上の土地面積のアパートを購入する際に、買換がよく利用されます。

また、マンションの土地面積が300㎡以上は相当な規模であり、首都圏から地方への買換えに利用されることが想定されますが、5倍の面積制限を考慮する必要があります。なお、一つの契約で区分マンションを複数購入した場合には、それぞれの部屋ではなく、購入した全ての部屋の敷地面積の持ち分で300㎡かどうかを判定することになります。

購入資産は売却資産の取得価額を引き継ぐことになり、購入資産が建物である場合には、取得価額が圧縮されることで、今後、計上される減価償却費の金額が少なくなります。「減価償却費計上の減少」と「買換えによる譲渡益の繰延」の税金の差について損益分岐点を把握します。損益分岐点の年数を超えて保有し続けると、繰延の効果が薄れてきます。

買換えの計算は複雑であるため、事例を理解しなくてもよいですが、買換後の購入資産の減価償却費も考慮しないといけないということを知っていただければと思います。

【事例1】

10年より前に8千万円で購入した東京23区のマンションを1億円で売って、福岡市に1億2千万円（土地7千万円、建物5千万円）の築浅マンション（経過年数18年）を購入したとします。

●耐用年数 (47年－18年)＋18年×0・2＝32年(0・032)

●譲渡所得税

・特例使う場合 {1億円×20％－8千万円×20％}×譲渡税率20％＝80万円

・特例使わない場合 (1億円－8千万円)×譲渡税率20％＝400万円

・繰延による効果 400万円－80万円＝320万円

●購入資産の減価償却費

・特例を使う場合

・購入資産の取得価額 8千万円×80％＋(1億2千万円－1億円)＋1億円×20％＝1億400万円

・建物の取得価額 1億400万円×5千万円÷1億2千万＝4、333万円

・減価償却費 4、333万円×0・032＝138万円

・特例を使わない場合 5千万円×0・032＝160万円

・減価償却費の差額 160万円－138万円＝22万円

・所得税率50％の場合 22万年×50％＝11万円

●損益分岐点 320万円÷11万円＝29・0年→29年を超えると、繰延による効果が

薄れる。

【事例2】

10年より前に8千万円（土地5千万円、建物3千万円）で購入した福岡市のマンションを1億2千万円（土地7千万円、建物5千万円）で売って、同じ福岡市に1億円（土地6千万円、建物4千万円）の築浅マンション（経過年数18年、300㎡）を購入したとします。

●耐用年数（47年－18年）＋18年×0・2＝32年（0・032）

●譲渡所得税

・建物に特例使う場合

・建物｛（5千万円－4千万円×80％）－3千万円×（5千万円－4千万円×80％）÷5千万円｝×譲渡税率20％＝144万円

・土地（7千万円－5千万円）×譲渡税率20％＝400万円

・特例使わない場合（1億2千万円－8千万円）×譲渡税率20％＝800万円

・繰延による効果　800万円－（144万円＋400万円）＝256万円

●購入資産の減価償却費
・建物に特例を使う場合
・購入資産（建物）の取得価額　3千万円×4千万円÷5千万円×80％＋4千万円×20％＝2、720万円
・減価償却費　2、720万円×0・032＝87万円
・特例を使わない場合　4千万円×0・032＝128万円
・減価償却費の差額　128万円－87万円＝41万円
・所得税率50％の場合　41万円×50％＝20万円
●損益分岐点　256万円÷20万円＝12・8年→12年を超えると、繰延による効果が薄れる。

売却資産の取得価額、売却価格、購入資産の購入価格、それぞれの土地、建物の金額によって、損益分岐点の年数が変わってくるため、あらかじめ試算し、繰延べによる効果がいつまで続くかを把握しておきます。事例では、損益分岐点の年数が29年なら特例を適用した方がよい、12年なら土地を含めて特例を再検討してみると判断することができます。

第3章

不動産投資家の法人化による節税

（不動産オーナー会社の節税）

法人化のメリット

税率差を利用した税負担の軽減

個人は、所得金額によって、5～45%の7段階の税率が適用されます。住民税を合わせると、最高税率は55%になります。不動産投資が事業的規模に該当すると、事業税も納める必要があるため、最高税率は60%にもなり、半分以上が税金で消えていきます。

一方、資本金1億円以下の法人は、800万円以下の所得金額に15・0%、**800万円を超える所得金額に23・2%の税率が適用されます。資本金1億円超の法人は、一律23・2%になります。地方税などを合わせても、最高税率は35%程度**にしかなりません。

過去からの法人税率の推移をみても、低くなる傾向にあります。大企業は法人税を減らしたいので、税率の低い国に移り、その国で活動することを考えます。政府は法人税の税収を増やしたいので、可能な限り、税率を低くして、企業を誘致したいと考えます。税率を低くし過ぎると、逆に、税収が減ってしまうため、諸外国にあわせた結果といえます。

所得金額が大きくなるほど、所得税率は高くなりますが、法人税率は一定です。所得税率が高い高所得者は、法人に所得を移転させ、相対的に低い法人税率を適用することで、税負担を軽減させることができます。

役員報酬の費用計上による所得圧縮と所得分散

不動産投資は不動産貸付業として事業を行うことになります。個人は、不動産貸付業に必要な経費しか計上することができません。**法人化すると、不動産貸付業のみならず、法人としての事業活動に必要な支払いは全て費用として処理することができる**ようになります。

また、個人である自分とは別に法人格をもつ組織が存在することになります。**法人が個人に対して役員報酬を支払うことによって、所得を圧縮**させることができます。

個人が家族に給料を支払う際には、白色申告者は事業専従者控除、青色申告者は青色事業専従者給与として経費に計上します。しかし、半年を超えて、事業に従事する必要がある上、白色申告は妻に86万円、それ以外の家族には1人につき50万円、青色申告者は労務の対価の相当分までしか給料を支払うことができません。

法人の役員報酬は、委任契約により支払われます。委任契約は雇用契約のように事業に従事する必要はありません。労務の対価としてではなく、役員の職務執行の対価として報酬が支払われるからです。役員は時間的制約を受けずに、24時間、会社のことを考える必要があるため、それ相応の報酬が支払われます。

法人税法では、同業他社と比較して、役員報酬の金額が明らかに過大である場合には、費用として処理することができません。私が税務調査を行った法人の中には、家族を役員にして、役員報酬を年間96万円払っている会社が多くありました。毎月8万円ですと、源泉所得税がゼロであり、源泉徴収する必要がありません。また、給与収入が年間103万円以下ですと、所得税が発生しません。

はっきり言いますが、職務執行の対価が月8万円程度の職務はあってないようなものです。取締役会に参加し、経営に助言したという体裁を整えておけば、認められる金額の範囲内です。月8万円の役員報酬は過大でなく、むしろ少ないくらいですので、税務調査で否認することは難しいです。架空として否認するのであれば、取締役会に出席していなかったり、経営に助言していなかったり、代表者にバックされていたりする証拠をつかむ必要があります。**対価性が見えにくい役員報酬は、法人化による費用計上の最大のメリットであるといえます。**

その他に、**家族を役員にして、役員報酬を支払うことによって、所得を分散させる効果もあります。所得を分散させると、それまで、自分一人に適用されていた所得税率が低くなります。**

また、子や孫を役員にして、役員報酬を支払うことによって、早い段階から次世代に所得を移転させることができ、相続税対策にもなります。

給与所得控除による低所得化

法人は、役員や従業員に給与を支払うと、費用に計上することができますが、役員や従業員の給与所得として課税されます。ただし、**給与収入に対して課税されるわけではなく、給与所得控除額を差し引くことができます。給与所得控除額は、給与収入に対する概算の**

▶ 給与所得控除割合

①給与等の収入金額	②給与所得控除額	③給与所得控除割合（②／①）
1,625,000円まで	550,000円	33.8%～
1,625,001円から 1,800,000円まで	収入金額×40% -100,000円	33.8%～34.4%
1,800,001円から 3,600,000円まで	収入金額 ×30% +80,000円	32.2%～34.4%
3,600,001円から 6,600,000円まで	収入金額 ×20% +440,000円	26.6%～32.2%
6,600,001円から 8,500,000円まで	収入金額 ×10% +1,100,000円	22.9%～26.6%
8,500,001円以上	1,950,000円（上限）	～22.9%

経費です。この経費により更に課税される所得金額を抑えることができます。

基本的には、給与収入が低くなるほど、給与所得控除の割合が大きいことを示しています。

しかし、給与収入が、「162・5万円以下」と「162・5万円超180万円以下」と「180万円超360万円以下」では、給与所得控除割合33・8％～34・4％のゾーンで重なっています。つまり、給与所得控除割合33・8％～34・4％のゾーンでは、給与所得控除割合が変わらないため、給与の支払いを増やして、「180万円超360万円以下」で、給与所得控除を多く受けた方が得ということになります。

役員、従業員の人数を増やすと、給与が分散されることによって、給与所得控除の割合が大きくなるため、給与所得が減り、更に効果的です。

例えば、給与収入1,000万円の給与所得控除後の給与所得は805万円になりますが、それを2人に分けて、500万円をそれぞれ給与として支払うと、給与所得は356万円（＝500万円－〈500万円×20％＋44万円〉）になります。2人合わせて給与所得は712万円となり、93万円減ります。

複数法人所有による所得分散

不動産投資の規模が大きくなると、**一つの法人に帰属する所得を複数の法人に分散させ、所得を減らす**必要がでてきます。役員報酬により所得を圧縮しても、役員報酬を高くし過ぎると、所得税率が上がってしまいます。

資本金1億円以下の法人は、**800万円以下の所得金額に15・0％の軽減税率が適用されるため、800万円を超える所得を別の法人に帰属させることによって、より多くの所**

得に対して軽減税率を適用することができます。法人住民税（法人税割）も法人税に連動して計算されるので尚更です。

また、資本金1億円以下の法人は、法人事業税も次の通り、所得金額に応じて税率が上がるため、400万円や800万円を超える所得を別の法人に帰属させた方がよいということになります。

- 400万円以下の所得金額に3・4％
- 400万円超800万円以下の所得金額に5・1％
- 800万円超の所得金額に6・7％

更に、資本金1億円以下の法人は、800万円までの交際費を全額費用に計上したり、青色申告者であれば30万円未満の少額減価償却資産を年間300万円まで全額費用に計上したりすることが特例で認められています。法人が増えるということは、その分だけ特例を適用することが可能になります。

先ほどの軽減税率を含めて、これらの特例は租税特別措置法という法律に規定されています。この法律は時限立法と呼ばれ、時期に限りがありますが、これまで延長されてきており、今後も続くものと思われます。

ただし、複数の法人を所有することで生じる維持管理コストなどのデメリットについては忘れないようにしてください。

減価償却費の任意計上による利益操作

個人の減価償却費の計上は強制ですが、**法人は任意です。減価償却費を計算して、その範囲内で好きな金額を費用に計上**することができます。

利益がでていない年に減価償却費を計上している申告書を多く見かけます。利益がでていない年に減価償却費を計上しても、その赤字の幅が広がるだけです。青色申告者の繰越欠損金として次期以降に繰り越されますが、期限切れで切り捨てられてしまっては元も子もありません。減価償却費は利益がでている年に計上すべきです。

法人税は会計の利益をもとに計算します。法人税法で費用にならない項目を足し、収益にならない項目を引いて、調整を行います。

損金経理という言葉を聞いたことがあるでしょうか。損金経理とは、決算において費用に計上しないと、法人税法でも費用として認めないことをいいます。減価償却費についても損金経理が求められており、法人税法が過度に会計の利益に影響を及ぼしているといった批判がされます。

損金経理が前提ですと、**法人税法で計算された減価償却費の金額の範囲内で、任意の金額を費用に計上することができ、利益操作が可能**になると言っても過言ではありません。税金が生じないように、利益を抑制することができます。

生命保険による費用の先取り

個人は生命保険料を支払っても、不動産所得を計算する際の必要経費に入れることはできません。確定申告で4万円を限度として生命保険料控除の適用が受けられるだけです。

一方、法人が生命保険料を支払うと、**保険料としての費用か、保険積立金としての資産か、どちらかに計上**します。特定の役員や従業員のみが対象となっていると、給与になるため、注意してください。

定期保険は、ピーク時の解約返戻金の割合によって、費用計上か資産計上かを判断します。解約返戻金として半分が戻ってくる保険については、生命保険料の全額を費用として処理することができます。

解約返戻金として50％超が戻ってくる保険については、保険期間の初めのうちは、解約返戻金の割合が高くなるほど、費用計上の金額が少なくなります。残りの多くの金額は資産計上し、保険期間の終わりに近くなってから、費用に振り替えます。

元々は、解約返戻金の割合が高い定期保険でも、全額費用として処理することができ、節税商品として流行りましたが、令和元年の税制改正で、解約返戻金の割合によって一定額を資産計上することになりました。

他にも、定期保険には名義変更プランと呼ばれる節税スキームがあります。

解約返戻金の割合が高くなる前に、法人は保険料として費用に計上した上で、法人から個人に名義を変更します。法人から個人の譲渡対価は、その時点の解約返戻金の金額でよいということになっているため、解約返戻金の割合が高くなる前に低い金額で個人に譲渡することができます。

その後、個人で解約返戻金の割合が高くなったとしても、解約返戻金はすでに支払った保険料を差し引いた上で、一時所得として課税されます。特別控除50万円を控除し、二分の一で課税されるため、所得税を抑えることができます。所得税率が高い賞与ではなく、名義変更プランによる生命保険金をボーナス代わりに支給することができます。

この名義変更プランについては、令和3年の通達改正によって、解約返戻金が資産計上額の70％未満と低い場合には、資産計上額で評価することになり、法人が低い価額で個人に譲渡することができなくなりました。

このようないたちごっこが繰り返されるわけですが、それでも生命保険で節税をしたいのであれば、**ハーフタックス・プランと呼ばれている養老保険がよい**といえます。

養老保険は、死亡保険金の受取人を遺族にして、福利厚生目的で全ての役員と従業員を対象にしておけば、保険料の半分を費用計上し、残りの半分を資産計上することができます。養老保険はもともと貯蓄性が高く、特に、ドル建ての養老保険は、予定利率が高いドルで運用されているため、解約返戻金の割合が１００％を超えるものも中にはあります。

生命保険料はキャッシュ・アウトを伴いますが、契約に基づく支払いであるため、キャッシュ・フローの計画がたてやすくなります。そして、保険料として費用を先取りで計上することができます。

ただし、解約返戻金を収益に計上する必要があるため、返戻時に事前確定届出給与、退職金の支払いや大規模修繕にあてるなどの出口戦略が必要になってきます。

中小企業倒産防止共済（セーフティ共済）による費用の先取り

中小企業倒産防止共済とは、取引先が倒産した場合に、担保、保証人、利息なしで、積み立てた金額の10倍の範囲内の金額を借入れすることができる制度です。**支払った掛金は個人事業主の経費や法人の費用に計上することができます。**不動産所得の必要経費には入れることができず、不動産投資家は、他の事業を行っていれば別ですが、対象になりません。法人化すると加入することができます。ただし、事業を1年以上行っており、資本金3億円以下または従業員300人以下が条件になります。

掛金は**月額5,000円から20万円までの範囲内であれば、5,000円単位で自由に選ぶことができます。掛金の増額、減額も可能**です。積立金は800万円が限度になります。

１年分を前納することができるため、最大で４８０万円を費用で処理することが可能になります。掛金を前納すると、次の算式で計算した前納減額金（キャッシュバック）が生じます。前納減額金は収益に計上します。

前納減額金＝掛金月額×０・９／１、０００×前納月数

ただし、前納月数が12か月を超える場合は、12か月として計算します。

支払期間が12か月未満ですと、解約しても積立金は戻ってきません。12か月以上支払っていると8割、40か月以上支払っていると全額、積立金が戻ってきます。掛金を費用に計上することができる上、全額戻ってくるため、使わない手はありません。

解約した場合には、収益に計上しないといけないため、先ほどの生命保険料の解約返戻金と同様に、事前確定届出給与、退職金の支払いや大規模修繕にあてるなどの出口戦略が重要になってきます。

実際に借り入れると、利息は生じませんが、借入金の10％の掛金が実質的な金利として回収されるため、本来の目的である借入れではなく、費用先取りの節税に利用することになります。

法人がセーフティ共済の掛金を計上する場合は、減価償却費と異なり、損金経理（決算において費用に計上しないと、法人税法でも費用として認めないこと）が求められていないため、申告の際に費用として処理することができます。つまり、経理処理については、保険料として費用に計上することもできますし、解約すると、戻ってくることが明らかな保険であるため、**保険積立金として資産に計上することもできます。後者の方が自己資本を多く見せることができ、融資の際に有利になる**と考えられます。

仕訳の例では、費用に計上するか、資産に計上するかによって、自己資本に800万円の差が出てきます。会計では利益に差が出るものの、税金の金額は変わりません。

確定申告では、個人事業主は「特定の基金に対する負担金等の必要経費算入に関する明細書」を添付します。法人は別表10の「特定の基金に対する負担金等の損金算入に関する明細書」と費用処理の金額を記載した適用額明細書を添付することによって、保険料積立

▶ セーフティ共済の経理処理

現金 1,000 万円と資本金 1,000 万円の法人があるとします。

現金 1,000 万円／資本金 1,000 万円

（パターン①）中小企業倒産防止共済の掛金 800 万円を現金で支払い、保険料として費用に計上します。

保険料 800 万円／現金 800 万円

BS

現金 200 万円	資本金 1,000 万円
	繰越利益剰余金▲800 万円

（パターン②）中小企業倒産防止共済の掛金 800 万円を現金で支払い、保険積立金として資産に計上します。

保険積立金 800 万円／現金 800 万円

BS

現金 200 万円	資本金 1,000 万円
保険積立金 800 万円	

自己資本に差が！

金を費用として処理することができます。

自己負担10％で社宅に住む

法人がマンションの部屋（自社所有、賃貸いずれも）を役員に社宅として貸す場合には、次の算式により計算した賃借料を役員から受け取る必要があります。受け取っていない場合には、現物給与として処理され、源泉所得税が課されます。

（家屋の固定資産税の課税標準額×12％＋土地の固定資産税の課税標準額×６％）×１／12

家賃相場に対してどのくらいの割合であるかを確認するために、私が実際に日本橋に購入した区分マンションを例に賃借料を計算してみます。

（2，902，200円×12％＋2，573，139円×６％）×１／12＝41，887円

現在月額102，000円で貸しているため、役員は41％の負担で住むことができます。

更に、マンションの部屋の床面積が99㎡以下である場合には、小規模住宅等の特例を適用することができるため、賃借料は次の算式により計算した金額になります。

家屋の固定資産税の課税標準額×0・2%+12円×（家屋の床面積／3・3㎡）+土地の固定資産税の課税標準額×0・22%

2、902、200円×0・2%+12円×（28・66㎡／3・3㎡）+2、573、139円×0・22%＝11、569円

わずか11%の負担で住むことができます。逆に言うと、法人が賃貸物件を役員に貸す場合には、家賃の89%を費用に計上することができます。

役員の負担割合が少な過ぎるとお思いでしょう。なぜなら、官僚や公務員が自らお金を出さずに、社宅に住む恩恵を受けているからです。小規模住宅等の特例の計算式は、従業員に社宅を貸す場合の賃借料を求める際にも使用されています。

それなら皆さんも利用すべきです。不動産投資により得られる家賃収入を元手にして、社宅の家賃を払うと、収益と費用を相殺することができるため、所得の圧縮につながりま

す。

出張手当・日当、役員退職金は受けとった側も非課税

法人は、出張規定に基づき、旅費以外にも出張手当や日当を支払うことができ、費用に計上することができます。

更に、**受け取った役員、従業員の方でも、出張手当や日当には税金がかからないため、**メリットがあります。例えば、地方の物件を視察するために出張した際は、出張手当や日当を支給した方がよいということになります。

弔意規定に基づき、次の慶弔金や見舞金を支払った場合も、同様の処理になります。

・本人の結婚（結婚祝金）
・本人または配偶者の出産（出産祝金）
・本人の業務上の事故等による死亡（弔慰金）
・本人の業務外の事由による死亡（弔慰金）
・家族の死亡（弔慰金）

・本人の住居が被災（被災見舞金）

法人が支払う役員退職金は、功績倍率法等による適正な金額の範囲内であれば、費用に計上することができます。

受け取った役員の方では、次の算式により計算した退職所得控除額を差し引いた上で、1／2をかけて退職所得を計算します。この退職所得控除額と1／2の部分には税金がかかりません。

勤続年数20年以下……40万円×勤続年数
勤続年数20年超……800万円＋70万円×（勤続年数－20年）

決算期のズレを利用した所得移転

個人の決算期は12月ですが、**法人は自ら決算期を決めることができます。**

法人の決算期が3月だとします。3月決算の法人ですと、通常5月に開催される株主総会で役員を選任し、役員報酬の金額を決定します。そして、6月に役員が就任し、就任した月から役員報酬を支払っていきます。

法人税も、この流れにそって、4月～5月の役員報酬が毎月同額、6月～翌年の3月までの役員報酬が毎月同額で支払われている場合には、費用として計上することを認めています。

家族を新たに役員に選任し、その家族に役員報酬を支払うのは、6月からになります。また、すでに役員に就任している自分や家族に対する役員報酬の金額を変えるのも、6月からになります。

不動産貸付を行う法人の売上は家賃収入であり、将来の家賃収入をある程度把握することができます。したがって、多額の税金が生じないように、家賃収入の見込額に応じた役員報酬を設定するとともに、個人である自分や家族の所得状況や生活費を考慮して、所得移転させるお金を決めます。

また、法人は決算期を変更することもできます。

例えば、**不動産を売却し、多額の売却益が計上されそうであれば、売却益が計上される日を翌期の期首になるように、決算期を変更します。翌期の期首に売却益を計上すると、**

１年をかけて税金対策を講じることができます。また、決算期を変更した年の期間は12か月よりも短くなり、利益が少なくなるメリットもあります。

もっとも、多額の売却益が計上されるのが事前にわかっていれば、決算期を変更せずに、不動産の売却を翌期首に行えば事足ります。

同族会社は、臨時株主総会において、定款の決算期を変え、税務署に届出を提出するだけで、簡単に決算期を変更することができます。

決算期変更は税務署に目を付けられるといわれていますが、度重なる決算期変更ならまだしも、一度や二度の決算期変更はあり得ます。ただ、決算期変更は、過去との業績比較を難しくし、納税を前倒しにするため、おすすめはしません。経営上の必要性で決算期を変更することはあるため、建前としてでもそのような理由による決算期変更について、税務署は何も言ってきません。

青色欠損金は繰越よりも繰戻を利用

制度的な話になります。

不動産貸付のみを行っている個人事業主は、損益通算することができませんが、青色申告者は損失を3年間繰り越すことができます。

一方で、法人は個人事業主よりも長く、**青色欠損金として9年または10年間繰り越すこと**ができます。

前期は黒字で納税していたのに、不動産の売却や大規模修繕により損失を計上し、あるいは、空室の増加により不動産収支がマイナスになり、一転して赤字に陥ったとします。そうした場合でも、資本金1億円以下の法人は、当期の確定申告において、**青色欠損金還付請求を申告書と同時に提出することで、前期に納税した税金を還付**してもらうことができます。

赤字を繰り越して、将来の黒字と相殺することを考えるよりも、まずは、前期が黒字で納税しているかどうかを忘れずに確認してください。赤字のときこそ、手元にキャッシュがあるとありがたいものです。前期に納税した税金を還付してもらうのは、その時しかありません。

短期間の売買、所得通算が可能

不動産を購入して2、3年してから、新たな収益物件が見つかったり、すでに所有している物件で大規模修繕をする必要があったりすると、資金が枯渇するケースがあります。ローンで資金を調達することができればよいのですが、購入した不動産を2、3年で売却する必要が出てくるかもしれません。

個人は、5年の所有期間によって、税率が39%、20%と異なってきますが、**法人は、所有期間が短くても、税率が変わらないため、いつでも売却**することができます。

不動産の売却損が生じた場合には、個人は分離課税で他の所得と損益通算することができませんし、損失を繰越すこともできません。しかし、**法人は家賃収入と相殺**することができます。相殺してもなお損失が残るようでしたら、青色欠損金の繰越や繰戻還付を利用することもできます。

法人が所有している全ての不動産を売却する場合には、不動産を売却するよりも法人そ

のもの、**つまり、事業承継として法人の株式を譲渡した方がよい**とされています。株式の譲渡税率20％が適用され、税金を抑えることができるからです。

ただし、不動産の売却価格より株式の譲渡価格の方が一般的には低くなるため、収入として入ってくるキャッシュは少なくなります。不動産で売却した場合と株式で譲渡した場合で、法人や株主に入ってくるキャッシュと税金を勘案して選ぶかたちになります。

事業承継を見据えた相続税対策

最初は誰もが個人で不動産投資を始めるのが普通です。いったん不動産投資を始めると、不動産投資の規模拡大を図ります。物件数を増やし、家賃収入を増やしていきます。不動産は個人に帰属し、不動産所得は個人に蓄積されるため、そのままでは相続財産が増えることになります。

そこで、**不動産を個人から法人に移すことによって、個人の相続財産の増加を抑え、相続税の節税につなげる**ことができます。法人の不動産は株式というかたちで相続されるため、株式を子供に贈与するなどして、株主を子供にしていきます。

また、相続による事務手続きの手間やコストが、法人にはかからないといったメリットもあります。

個人は不動産を相続すると、移転登記が義務付けられています。一方で、**法人は所有する不動産そのものを相続するわけではなく、個人が保有している株式を相続するため、不動産の登記を変える必要がありません。**物件数によっては数百万円にもなる登録免許税、登記費用のコストがかからず、株主名簿の名義書換で済みます。

また、個人が不動産を相続すると、契約主体が変わるため、不動産投資に係る契約を全て結び直す必要があります。一方で、**法人は消滅するわけではないので、契約に影響を及ぼしません。**居住者との賃貸借契約、管理会社との管理契約、融資先である銀行との金銭消費貸借契約を結び直す手間がかかりません。

家賃の振り込み等で使用している銀行口座も継続して利用することができます。

法人化のデメリット

法人設立費用の発生―合同会社経由で株式会社を設立すると節約―

個人は開業するのにコストがかかりませんが、法人は株式会社を設立する際に、最低でも20・5万円のお金が必要になってきます。

・定款を作成する際に、公証人に認証してもらう手数料5万円（合同会社は不要）
・法人を登記する際に、法務局に払う登録免許税15万円（合同会社は6万円）
・定款の収入印紙代4万円→0・5万円

電子定款を作成すると、収入印紙代4万円はかかりませんが、ＰＤＦ変換ソフトやＩＣカードリーダの購入費用約4万円を負担する必要があるため、結局変わりません。そこで、ｆｒｅｅｅ等の設立代行業者に電子定款を作成してもらうと、収入印紙代はかからず、代行手数料5、000円程度で済みます。

合同会社であれば、登録免許税6万円と代行業者への手数料5千円の合計6・5万円まで抑えることができます。

合同会社を設立した後に、株式会社に組織変更することができます。株式会社に組織変更するには9・5万円がかかります。

・登録免許税（合同会社解散）3万円
・登録免許税（株式会社設立）3万円
・官報広告費用約3・5万円

合同会社の設立と株式会社への組織変更の費用は合計16万円になり、当初からの株式会社を設立すると20・5万円かかるため、4・5万円を節約することができます。

合同会社は聞きなれないため、株式会社と比較すると見劣りすると思われるかもしれませんが、世界有数の大手企業であるアマゾン、グーグル等の日本法人は合同会社です。彼らが合同会社を選択するのは、**出資者である社員が実質的に経営を行うため、意思決定のスピードが速い**からです。

住民税の均等割の税負担が増加

合同会社も株式会社も、普通法人として法人税を計算するため、税金に差はありません。

法人も住民税を支払う必要があります。住民税の均等割は、個人に比べて法人の方が高くなります。赤字であっても、均等割は発生します。事務所の数に応じて、その数だけ均等割は増えます。

都道府県、市町村ごとに、資本金等の金額や従業員数によって、法人の均等割の金額は決められているため、自治体のホームページで確認してみてください。

資本金等は、資本金のみならず、資本準備金等の資本剰余金（申告書の別表５（１））を加えます。中小企業ですと、資本剰余金を計上している法人は少ないため、資本金等の金額は資本金の金額になります。

東京23区では、従業員50人以下で、資本金等の金額が1、000万円以下の法人ですと7万円、１億円以下ですと18万円になります。一方で、個人の均等割は5、000円程度です。

社会保険料の負担増

法人は、社会保険に加入して、**健康保険料と厚生年金保険料を役員や従業員と折半して**

支払います。給与の金額によって社会保険料の金額は変わってきますが、個人事業主が支払う国民年金と国民健康保険料の社会保険料よりも高くなるケースがあります。

健康保険料や厚生年金保険料を計算する手間もかかります。

ただ、法人は、社会保険料を費用に計上することができ、役員や従業員の方では、自身の負担分を社会保険料控除として年末調整や確定申告に反映させることができます。

また、従業員を雇用すると、労働保険に加入して、雇用保険料と労災保険料も支払います。

確定申告の煩雑さから税理士費用発生

法人税の申告書は、複数の別表から構成されています。中小企業ですと必要な別表は限られていますが、多くの別表から必要な別表を選ばなくてはいけません。別表の提出を要件として、税額控除などの特例の適用が認められていることもあるため、提出漏れがないように注意しないといけません。

会計の利益から加算、減算の調整を行って、法人税を計算します。特に、会計で費用に計上したとしても、法人税では費用として認められず、加算する調整が多くなっています。

また、法人税や住民税、事業税の地方税の処理について、悩まれる方が多いです。

申告書に誤りがあり、加算税などの税金を追加で払うリスクをとりたくないようであれば、報酬を払ってでも、税理士に依頼した方がよいです。顧問として定期的に相談すると1か月数万円、申告書の作成のみを依頼すると十数万～二十数万円かかりますが、業務に集中することができますし、何より安心です。

個人は自分に給与を支払うことはできませんが、法人は自分を役員として役員報酬を支払うことができます。しかし、源泉所得税を徴収して納めるなど、給与事務を行う手間もかかります。

国税庁が公表している調査事績によると、税務調査の確率は法人が約2％、個人が約1％になります。法人は約50年に1回、個人は約１００年に1回、調査が行われていることになります。

法人化すると、**税務調査の頻度が高くなると思われがちですが、確率の話であり、売上**

規模によって、税務調査を受ける頻度は全く異なってきます。売上規模が大きくなったから法人化したに過ぎず、個人事業主の中には売上規模が小さい納税者が多くいるということです。

法人の中でも、売上規模によって税務調査の頻度にかたよりがあります。私の経験では売上1億円が一定の目安になります。

法人化のタイミング

個人と法人の税率の分岐点

個人の所得金額が800万円である場合、所得税は120・4万円（＝800万円×23％－63・6万円）で、税率は15・05％（＝120・4万円／800万円）になります。法人の800万円以下の所得金額に適用される税率15％相当です。

個人の所得金額が800万円を超え、増えるにつれて、税率も15・05％から上がっていきます。

▶ 所得税の税率

課税される所得金額	税率	控除額
1,000円から1,949,000円まで	5%	0円
1,950,000円から3,299,000円まで	10%	97,500円
3,300,000円から6,949,000円まで	20%	427,500円
6,950,000円から8,999,000円まで	23%	636,000円
9,000,000円から17,999,000円まで	33%	1,536,000円
18,000,000円から39,999,000円まで	40%	2,796,000円
40,000,000円以上	45%	4,796,000円

▶ 法人税の税率（資本金1億円以下）

所得金額	税率
年800万円以下の部分	15%
年800万円超の部分	23.20%

個人は基礎控除48万円（所得金額2、400万円以下の場合）、個人事業主は青色申告特別控除65万円が受けられます。

所得金額が913万円（＝800万円＋48万円＋65万円）を超える場合には、超えた所得を法人に移すことで、法人の800万円以下の所得金額に適用される税率15％を利用し、税金を減らすことができます。

所得金額が900万円を超えるようになってきたら法人化を考えます。厳密には、地方税である住民税や事業税を個人と法人で比較して考える必要がありますが、大まかに900万円を目処と覚えておくとよいでしょう。

不動産購入から5年を経過しているか

個人から法人に不動産を譲渡すると譲渡所得税がかかります。譲渡所得税は、売却益に譲渡税率をかけて計算します。売却する年の1月1日時点で、所有期間が5年以下なら39％、5年超なら20％になります。住民税を含めた税率です。

不動産を購入してから5年を経過しているかどうかが一つの目安になります。

また、不動産を購入したり、売却したりする際に登記や登録免許税等の費用がかかるため、頻繁に売り買いはしない方がよいです。譲渡税率を含めて考えると、最低でも5年は保有したいところです。

不動産の売却後、株主の相続が3年以内に発生しないか

法人に不動産を売却してから3年以内に株主が亡くなり、相続が発生すると、株式を評価する際に、不動産は時価で評価され、相続税が高くなります。また、個人には売却資金が残り、売却してからすぐにその個人が亡くなって相続が発生すると、時間をかけて相

続税対策をすることができません。

とはいっても、いつ亡くなり、相続が発生するかはわかりません。3年後に亡くなりそうな時点で不動産を売却するのでは遅く、時間をかけて相続税対策をする必要があります。

売却価格が残債を上回っているか

自己資金を少なくして不動産を購入した場合には、借入金がまだ多く残っています。また、不動産の時価が下落すると、借入金の金額を下回ることがあります。

法人に不動産を売却して、**売却資金によって個人の借入金を返済しても残るようであれば、売却しない方がよい**です。家賃収入が得られなくなるため、本業の収入から返済しなくてはいけません。

売却価格が借入金の残高を上回っているかどうかが一つの目安になります。

個人から法人には建物のみを移す選択肢もある

法人化して、個人が所有している不動産を法人に移す場合、建物と土地の両方ではなく、まずは建物のみを売るという選択肢もあります。

法人に建物のみを売ると、土地と建物の所有者が異なることになります。法人は、個人が所有している土地を使用することになるため、地代を支払う必要があります。**借地権課税や相続税を考えると、土地の無償返還の届出を提出した上で、土地の固定資産税と都市計画税の3倍程度の地代を個人に支払った方がよい**といえます。詳しくは、相続税のチャプターをご覧ください。

地代を受け取った個人は、不動産所得の収入として申告します。

法人に建物のみを売るメリット

- **法人に建物のみを売っても、家賃収入は法人に帰属するため、役員報酬などの経費を支払うことで、法人化によるメリットを享受**することができる。
- 個人にも**地代分の収入が残るため、生活費等として利用**することができる。
- 登記費用、登録免許税、不動産取得税等が建物分のみで、諸費用を抑えることができる。

▶登録免許税と不動産取得税の税率

	建物	土地
登録免許税	固定資産税評価額×2%	固定資産税評価額×1.5%
不動産取得税	固定資産税評価額×3%	固定資産税評価額×1/2×3%

デメリットとしては、相続で親族間に争いが生じ、意図してない親族に土地を所有されたり、土地を売却されたりする恐れがあります。土地が他人の所有となり、複雑な関係になります。

法人化して間もない頃は、法人に建物のみを売って、メリットを享受してもよいかもしれませんが、いずれは土地も売った方がよいです。

建物を売るタイミングにも注意が必要です。

建物の売却には消費税がかかるため、個人が消費税の課税事業者に該当すると、消費税を納める必要があります。

また、建物の売却価格が1，000万円を超えると、2年後等に消費税の課税事業者になるため、その時に消費税が発生する取引をしないように注意しないと、余計な消費税を納めることになります。

▶ 不動産の時価

土地の時価の例	建物の時価の例
・公示価格（相続税評価額 ÷80%、固定資産税評価額 ÷70%） ・路線価による相続税評価額 ・固定資産税評価額 ・不動産鑑定評価額 ・宅建業者の価格査定マニュアルに基づく評価額 ・不動産取引価格情報に基づく、取引事例としての価格	・再調達価額（建築価額表に基づく価額）－減価償却額 ・未償却残高 ・相続税評価額（固定資産税評価額） ・不動産鑑定評価額 ・宅建業者の価格査定マニュアルに基づく評価額 ・損害保険契約に記載された建物評価額

▼ 売買時の適正な時価を見極める

同族間、同族会社間、あるいは、親族と同族会社の間で不動産を売買する際に、取引価格をいくらにするかと悩まれる方が多いです。

不動産を低額で売買すると、売主、買主双方において余計な課税を受けることになるため、時価で取引を行う必要があります。

時価とは通常の取引価額をいいますが、時価には一定の幅があります。実務では、土地は相続税評価額や固定資産税評価額を割り戻した公示価格、建物は未償却残高を参考とすることが多いです。大切なことは、恣意性を排除するとともに、複数の評価で時価を把握し、一定の幅の時価の中から最も合理的であると考え

▶ 不動産の低額譲渡の課税関係

		買主	
		個人	法人
売主	個人	買主：贈与税	売主：時価の 1/2 未満は譲渡所得、1/2 以上でも同族会社の行為計算否認規定により所得税が課税される場合もある 買主：受贈益計上
	法人	売主：寄付金、賞与（買主が社員）に該当し、費用にならない 買主：一時所得、給与所得（買主が社員）	売主：寄付金に該当し、費用にならない 買主：受贈益計上

られる時価を決めることです。

不動産を売却して利益がでると、個人には譲渡所得税、法人には法人税が課されます。あくまでも適正な時価で売却した場合です。**低額で譲渡した場合には、時価との差額について、売主と買主、個人と法人、それぞれの組み合わせで、様々な課税を受ける**ので注意してください。

個人間の売買では、著しく低い価額でなければ贈与税は課されず、相続税評価額での取引は、著しく低いとされていません（平成19年8月23日東京地裁判決）。

法人の株主、役員を誰にするか

個人が不動産を法人に売却し、その売却代金を貸付金にすると、個人からの借入金により、わずかな資本金で法人を設立することができます。あるいは、不動産を法人に現物出資すると、資金を用意せずに法人を設立することができます。

次世代に所得を移転させるためには、子や孫を法人の株主にすることが大切です。

しかし、法人の議決権を子や孫に渡すことになり、大切な決め事を決定されてしまうリスクがあります。

役員を選任、解任するなどの普通決議は過半数である50%超が必要です。

また、定款の変更などの重要な事項を決定する特別決議は2／3以上が必要であり、1／3で拒否権を有するため、その権利をもたせないように保有割合を決めます。子や孫が信頼するにたるまでは、自らが67%以上を保有しておくことが望ましいといえます。

定款には第三者に勝手に株式を譲渡させないように、株式譲渡制限事項を定めておくことも必要です。

定款を作成するためには発起人として印鑑証明書が必要であり、15歳から印鑑を登録することができるため、子や孫は15歳から株主になることができます。それ以前でも、親や祖父母がもっている株式を子や孫に譲渡、贈与すると、株主にすることができます。

出資後、株式の評価が上がる前に子や孫に譲渡、贈与すると相続税の節税につながります。ただし、出資金の出所が不明ですと、親や祖父母がお金を出し、名義株だと税務署に疑われかねないため、出所やその手続きを明らかにしておく必要があります。

役員報酬や退職金を支払い、株価を低くした上で、子や孫に株式を贈与、譲渡してもよいでしょう。

子や孫が信頼するにたるまでは、子や孫を役員にして、役員報酬を支払って、次世代に所得を移転させます。

意思能力がある10歳から役員になることができますが、取締役会を設置しない法人の役員は、印鑑証明書が必要になるため、印鑑を登録することができる15歳からになります。

ただ、実際問題として、役員報酬を支払うには、役員として業務にかかわる必要があります。高校生の子や孫には難しく、勉強以外の時間もそれなりにある大学生になってからが妥当です。

不動産購入のための紹介料が交際費になる場合

法人が情報提供を業務として行ってないような個人や法人に支払う紹介料については、単純に費用として認められません。次の要件を満たさないと、交際費になります。

①契約に基づいて支払われていること
②契約に役務提供の内容が記載されており、実際に役務提供を受けていること
③金額が役務提供の内容に相応していること

取引の謝礼としてお金を払うと交際費になりますが、紹介料としての費用の線引きが判然としないため、これらの要件が求められています。

①については、契約書がなくても、ホームページなどであらかじめ条件を提示するかたちでもかまいません。

不動産の購入のために紹介料を支払うと、取得価額に付随費用として入れる必要もあり

ます。不動産の取得価額に入れるとともに、取得価額を交際費として加算すると、二重課税が発生します。

そこで、確定申告では、不動産の取得価額から紹介料の金額を減らし、費用に計上するとともに、建物の取得価額に入っている紹介料については、減価償却費相当額を加算します。

翌期以降の処理は、次の2通りの方法があります。

・決算で不動産の取得価額から紹介料の金額を減らし、建物の取得価額に入っている紹介料の減価償却費相当額を計上しない。確定申告では、前期に減らした紹介料の金額を洗い換えて加算する。

・翌期以降に、確定申告で減価償却費相当額を加算する。

第4章

不動産投資家の相続税の節税

不動産投資はどのくらい相続税の節税になるか

不動産投資を行うと、相続税の節税につながると言われていますが、実際にどのくらい節税になるかご存知でしょうか。大まかにでも把握しておいた方がよいので、実際に計算してみます。

まずは、土地と建物の相続税評価割合を把握します。そして、現金10億円を相続する場合と、現金10億円で不動産投資を行い、不動産10億円を相続する場合で、相続税がどのくらい違うかを試算してみます。

土地の相続税評価額は、路線価に面積をかけた金額になります。路線価は、国税庁のホームページで確認することができます。路線価は公示価格（時価）の80％を目途に評価することが決められています。

不動産投資を行って貸し付けると、「借地権割合×借家権割合」を差し引くことができます。簡単にいうと、貸し付けている土地のうち、他人が建物を借りて住んでいる部分は評価として下げるということです。

土地を貸し付けると、土地の権利は借地権（土地を借りる人がもつ権利）と底地権（土地を所有している人がもつ権利）にわかれます。土地を貸し付けると、所有している人はなかなか返してもらえず、土地を使うことができないため、借りている人から借地権の対価として権利金を受け取ります。土地の権利に占める借地権の割合は、路線価に掲載されており、60％、70％が多くなっています。ここでは70％として計算します。

借家権は建物を借りる権利で、借家権の割合は30％と決められています。

「借地権割合×借家権割合」は21％（＝70％×30％）となり、79％（＝1－70％×30％）で評価することになります。路線価の評価と併せて考えると、63％（＝80％×79％）まで評価を下げることができます（借地権割合を60％で計算すると65％になります）。

まとめると、不動産投資を行って貸し付けると、土地の相続税評価の減少効果は、「80％×（1－借地権割合×30％）」になります。**現金で土地を購入し、不動産投資を行うと、相続財産の評価を約6割まで引き下げることができます。**

建物の相続税評価額は、固定資産税評価額です。固定資産税評価額は、建築価格の約50

▶ 相続税の税率

法定相続分に応ずる取得金額	税率	控除額
1,000万円以下	10%	−
3,000万円以下	15%	50万円
5,000万円以下	20%	200万円
1億円以下	30%	700万円
2億円以下	40%	1,700万円
3億円以下	45%	2,700万円
6億円以下	50%	4,200万円
6億円超	55%	7,200万円

〜70%となっています。ここでは60%として計算します。

不動産投資を行って貸し付けると、更に、借家権割合である30%を差し引き、70%で評価することができます。他人が建物を借りて住んでいる30%部分は評価として下げるということです。

固定資産税評価の評価とあわせると、42%（＝60%×70%）まで評価を下げることができます（固定資産税評価額を建築価格の50%で計算すると35%、建築価格の70%で計算すると49%になります）。

まとめると、不動産投資を行って貸し付けると、建物の相続税評価の減少効果は「約50〜70%×70%」になります。**現金で建物を購入し、不動産投資を行うと、相続財産の評価を約4割まで引き下げる**ことができます。

現金10億円を、妻、子供2人が相続した場合の相続税を計算します。

基礎控除額として4、800万円（＝3、000万円＋（600万円×3人））を控除することができます。

基礎控除額＝3、000万円＋(600万円×法定相続人の数)

残った9億5、200万円を法定相続分にわけて、相続税を計算します。妻、子供2人ですと、法定相続分の割合は妻が1／2、子供1／4（＝1／2×1／2）になります。

妻：9億5、200万円×1／2＝4億7、600万円

子：9億5、200万円×1／4＝2億3、800万円

税率表に基づき計算すると、相続税は3億5、620万円（＝1億9、600万円＋8、010万円＋8、010万円）になります。

妻：4億7、600万円×50％－4、200万円＝1億9、600万円

子：2億3、800万円×45％－2、700万円＝8、010万円

まとめると、現金10億円を相続すると、約3・5億円（35％）の相続税を納めることになります。

続いて、現金10億円で土地5億円、建物5億円を購入し、不動産投資を行い、その不動産を妻、子供2人が相続した場合の相続税を計算します。

上記のとおり、土地の相続税評価額は約6割、建物の相続税評価額は約4割になるため、不動産の相続税評価額は土地が3億円（＝5億円×6割）、建物が2億円（＝5億円×4割）で、合わせて5億円になります。

基礎控除額は先ほど同様、4、800万円になります。

残った4億5、200万円で相続税を計算します。法定相続持分の割合は先ほど同様、妻が1／2、子供1／4になるため、法定相続分に応じる取得価額は次のようになります。

妻：2億2、600万円（＝4億5、200万円×1／2）

子：1億1、300万円（＝4億5、200万円×1／4）

税率表に基づき計算すると、相続税は1億3、110万円（＝7、470万円＋2、820万円＋2、820万円）になります。

妻：7、470万円（＝2億2、600万円×45％－2、700万円）

子：2、820万円（＝1億1、300万円×40％－1、700万円）

不動産投資ローンがあると、評価額を更に低くすることができ、相続税を減らすことができます。

まとめると、不動産投資を行い、不動産10億円を相続すると、相続税は約1・3億円（13％）になり、現金でもっているより相続税は約2・2億円も減ります。

大まかに言えば、不動産投資を行うと、相続税率を30％から10％に押し下げるのと同じ効果があるということになります。

まずは暦年贈与で計画的に次世代に所得を移転

自分の死はまだ先だと思い、若いうちから、相続のことを考えている人は多くありません。その結果、亡くなる間際にあわてて相続税対策をしても間に合わず、子供が多額の相続税を払わないといけなくなるなんてこともよくある話です。

相続財産が多い方は、若いうちから、相続税対策をしておく必要があります。最も効果的な方法が、年間110万円の非課税での贈与、いわゆる暦年贈与です。

子供に毎年110万円までを非課税で贈与することができます。子供が2人いると220万円で、10年続けると2、200万円になり、それなりの金額になります。

両親が子供1人に贈与する場合は、子供1人に220万円ではなく、110万円までになります。受け取る子供1人につき110万円です。

長期にわたって暦年贈与をする場合には、税務署に一括贈与として疑われることがないように、金融機関を通して振り込むとともに、子供が口座を管理する体裁を整えておく必要があります。税務署に記録が残るから110万円を超えて111万円で申告した方がよいと言われますが、ほとんど意味はありません。

その他にも、両親や祖父母から子供に、子供が住むための住宅取得資金は1、000万円、教育資金は1、500万円、結婚・子育て資金は1、000万円まで非課税で贈与することができます。

不動産は高額であるため、不動産そのものは暦年贈与の対象に適していません。不動産を分割して贈与すると、登記等の手間やコストがかかります。

次世代に所得移転させるためには、法人からの配当？ 役員報酬？

次世代に所得を移転させるためには、子や孫を株主や役員にして、配当や役員報酬を支払うのが有効です。

配当と役員報酬のどちらが節税につながるでしょうか。配当と役員報酬を同額支払った場合で比較検討します。

法人が配当を支払っても、費用に計上することはできません。非上場株式の配当を受け取った場合には、給与所得などの所得を含めて総合課税で申告し、配当控除の適用を受け

▶ 配当控除後の所得税率

課税所得金額	税率	控除額	控除後税率	配当控除後税率
1,000円から 1,949,000円まで	5%	0円	5%	0%
1,950,000円から 3,299,000円まで	10%	97,500円	5%～7.0%	0%
3,300,000円から 6,949,000円まで	20%	427,500円	7.0%～13.8%	0%～1.0%
6,950,000円から 8,999,000円まで	23%	636,000円	13.8%～15.9%	1.0%～3.1%
9,000,000円から 10,000,000円まで	33%	1,536,000円	15.9%～17.6%	3.1%～4.8%
10,001,000円から 17,999,000円まで	33%	1,536,000円	17.6%～24.4%	11.2%～18.0%
18,000,000円から 39,999,000円まで	40%	2,796,000円	24.4%～33.0%	18.0%～26.6%
40,000,000円以上	45%	4,796,000円	33.0%～	26.6%～

ることになります。住民税を含めた配当控除の割合は12・8％ですが、課税所得が1、000万円を超えると6・4％に減るため、配当控除後の税率は急に上がります。

一方、法人が役員報酬を支払うと、費用に計上することができ、法人税率15％または23・2％で法人税が減ります。受け取った役員は、給与所得控除の適用を受けることができます。

例えば、役員報酬1、000万円を支払うと、法人税は150万円または232万円減ります。受け取った役員の給与所得控除後の所得金額は805万円

（＝1、000万円－195万円）で、所得税は121・55万円（＝805万円×23％－63・6万円）になります。所得税は納税になりますが、**法人税の減税を加味すると、28・45万円または110・45万円の税金が減る計算になります。配当を支払うと所得税がかかるため、役員報酬を支払った方が明らかに節税につながります。**

役員報酬の支払金額を上げると、税金が減らなくなるものの、役員報酬有利の結果に変わりはありません。**配当所得だろうが、給与所得だろうが、総合課税により所得税がかかるため、最終的には配当控除の割合と法人税率の差分だけ、役員報酬を支払った方が得に**なるということです。

ある程度、役員報酬を払い、個人資産を築いたら、株式の保有にシフトしていきます。アメリカのアマゾンなどの創業者は、すでに十分な個人資産を蓄積しており、配当や役員報酬を受け取らず、所得税を抑えていると言われています。その代わり、未実現利益である株式そのものには課税されないため、今もなお資産価値が上がっている株式を保有し続けています。

子供に不動産投資物件を無税で贈与する方法

親から子供に住宅取得資金1,000万円を非課税で贈与することができますが、あくまでも、子供自身が住むための不動産が対象です。子供に不動産投資物件を贈与すると、暦年贈与の110万円を超えるため、贈与税がかかってきます。

そこで、親が子供にお金を貸したことにして、子供が不動産投資物件を購入します。貸したことにするといっても、実際に金銭消費貸借契約を結びます。子供からは利息を受け取り、金融機関を通し返済します。利率は住宅ローンの金利に設定し、今ですと固定金利で1%程度です。ポイントは、**お金を貸すのと同時に、親から子供に暦年贈与により毎年110万円のお金を贈与して、そのお金を返済資金にする**ことです。

例えば、2,000万円を親から借り入れて、同額の不動産を購入したとします。金利1%で、20年で返済すると、毎年の返済額は110万円超になります。子供は自身でお金を用意することなく、暦年贈与による110万円で返済することができます。

契約時に暦年贈与での返済が疑われると、貸し付けたお金が一括贈与として課税される恐れがあるため、金銭消費貸借契約と暦年贈与が別であるとわかるように、贈与時に次のような対応をとります。

・贈与契約書の作成
・贈与金額を毎年変更
・不定期に贈与

更に、不動産投資物件からの家賃収入を返済資金にすると、繰上返済することができ、より短い期間で返済することができます。完済後には、本当の意味で不動産が子供のものになり、次世代への所得の移転が図られます。

小規模宅地の特例は相続税の節税に当たって最初に検討すべき

親が不動産投資物件として利用している土地を子供に相続させ、子供が申告期限まで引き継いで不動産貸付を行っていれば、200㎡を限度として土地の評価を50%まで減額することができます。これを貸付事業用宅地の小規模宅地の特例と言います。不動産貸付を行っている土地は、先ほど確認したとおり時価の6割程度で評価されるため、この特例の適用を受けると3割程度まで評価を引き下げることができます。

区分マンションを複数相続した場合には、土地の面積が合計で200㎡に達するまで、小規模宅地の特例の適用を受けることができます。

土地の面積は登記簿謄本に記載されている敷地面積に敷地権の割合をかけて計算します。私が実際に日本橋に購入した区分マンションで計算してみると、面積は5㎡程度であり、単純に計算すると40戸に適用することができます。

法人が建物の所有者として不動産貸付を行っていても、土地には小規模宅地の特例を適用することができます。しかし、使用貸借により無償等で使用している場合には、適用することができません。相続の開始の前3年以内に不動産投資用物件として使い始めた土地も対象にならないため、注意してください。

小規模宅地の特例は、申告期限までの土地の保有で、要件が甘くなっており、積極的に利用すべき特例だといえます。親としては事業を引き継いで、続けていって欲しいところですが、子供は申告期限まで保有し、不動産貸付を行っていればよいことになっています。不要と判断すればその時点で売却して、売却資金を他に活用することができます。

それでも、すぐ売却されることがないように、相続した不動産投資物件が収益性、資産性が高いものに越したことはありません。**相続に当たって大切なことは、相続財産が相続した人にとって本当に必要であるかどうか**です。

無償返還の届出を提出して、借地権課税を避ける

他人の土地の上に建物を建てて利用していると、借地権が発生します。

借主は30年等の長い期間にわたって土地を借りることができ、更新によって半永久的に借りることができるように借地借家法という法律で保護されています。逆に、地主はなかなか土地を返してもらうことができないため、借主から権利金を受け取ります。

同族間であっても同様です。不動産投資家から不動産オーナー会社に建物のみを移転した場合には、上物と下物で所有者が異なることになります。**建物を所有している不動産**

オーナー会社は、不動産投資家の土地を借りることになるため、権利金を支払う必要があります。

権利金＝更地価格（路線価×土地面積）×借地権割合

借地権割合は路線価に掲載されており、60％、70％が多くなっています。更地価格が1億円、借地権割合が70％の場合ですと、7、000万円を権利金として支払うことになります。

権利金を受け取った不動産投資家は、借地権の設定が譲渡とみなされ、譲渡所得として課税されます。

権利金を支払わない場合は、不動産オーナー会社はただで借地権の贈与を受けたものとして課税されます。借地権（権利金）の認定課税と呼ばれます。

借地権／雑収入

改訂方式と固定方式の違い

	改訂方式	固定方式
借地権	0	更地価格×借地権割合×｛1－（実際の地代－通常の地代）／（相当の地代－通常の地代）｝
法人の株価の計算上、純資産に加算する金額	更地価格 ×20%	上記借地権の金額（更地価格×20%の方が大きければその金額）
代表者個人の土地の評価額	更地価格 ×80%	更地価格－上記借地権の金額（更地価格×80%の方が小さければその金額）

先ほどの例ですと、7,000万円の収入を計上し、税率が30%ですと、2,100万円もの法人税を納める必要があります。

借地権の認定課税を受けない方法があります。

・相当の地代（改訂方式）を支払う方法
・相当の地代（固定方式）を支払う方法
・土地の無償返還に関する届出を提出する方法

最初の2つは一時の権利金ではなく、地代として支払っていきます。地代は、相当の地代である必要があります。

これから、相当の地代に基づき借地権を計算していきますが、計算が複雑であるため、理解しなくてもよいですが、3つ目の無償返還の届出を提出した方がよいという流れになっていることを知っていただければと思います。

相当の地代（年間）＝更地価格（路線価過去3年平均×土地面積）×6％
通常の地代＝更地価格×底地権割合（1－借地権割合）×6％

改訂方式は、相当地代の改訂方法に関する届出を提出した上で、3年ごとに相当の地代を計算し、土地の価格にあわせて地代を変えていきます。したがって、支払う地代は相当の地代と同じになります。

固定方式は、土地の価格が変わっても、当初の地代を払い続けます。

改訂方式と固定方式では、地価が上がると、どのような影響が出てくるのでしょうか。

固定方式では、不動産投資家（代表者個人）から不動産オーナー会社に借地権が移っていきます（自然発生借地権と呼ばれます）。そして、相続税評価額も変わってきます。

借地権割合の変化

	20年前	10年前	現在
更地価格	1億円	1.5億円	2億円
相当の地代（上記6%相当）	600万円	900万円	1,200万円
通常の地代（上記底地権割合30%相当）	180万円	270万円	360万円
実際の地代（固定）	600万円	600万円	600万円

	20年前	10年前	現在
借地権	0円	5,000万円	1億円
法人の株価の計算上、純資産に加算する金額	2,000万円	5,000万円	1億円
代表者個人の土地の評価額	8,000万円	1億円	1億円
実質的な借地権割合	0%	33%	50%

更地価格（過去3年平均も同様とする）が20年前に1億円で、10年ごとに5,000万円ずつ上昇している土地があり、借地権割合が70%であるとします。

20年前は、支払う地代（実際の地代）が相当の地代と同じであるため、改訂方式により、相続税評価額を計算します。10年前、現在は、支払う地代（実際の地代）が相当の地代に満たないため、固定方式により計算します。

更地価格が上昇するに連れて、借地権割合が増加しているのがわかります。

相当の地代を支払うと、地主である不動産投資家（代表者個人）に資金が戻ってき

てしまい、相続税の節税につながりません。更に、不動産投資家は相当の地代を不動産収入として申告する必要があります。

そこで、3つ目の無償返還に関する届出が出てきます。

不動産オーナー会社が権利金を支払っている以上、土地を返す時に借地権を不動産投資家に買い戻してもらわないと、寄付金等として課税されることになります。しかし、土地の無償返還に関する届出を提出することによって、権利金を支払わない代わりに、ただで借地権を買い戻してもらえるのです。

賃貸借と使用貸借を使い分ける

無償返還に関する届出を提出した場合でも、賃貸借により相場程度の地代を支払った方がよいです。なぜなら、相当の地代を支払った場合と同様に、不動産オーナー会社の株価の計算上、純資産に更地価格の20％を加算しないといけませんが、不動産投資家の土地の評価額を80％に減らすことができ、その上、小規模宅地の特例を適用することができるからです。

使用貸借により無償で使用させることもできますが、評価減もされませんし、小規模宅地の特例の適用を受けることができません。

相場程度の地代とはいくらになるのでしょうか。

本来であれば、近隣周辺の状況を踏まえて決めるのが理想ですが、手間がかかります。地代は、通常、固定資産税、都市計画税、その他の経費を加味した上で、相当の利益を上乗せして決まります。

固定資産税と都市計画税の相当額では、相場とはいえず、使用貸借として判断されてしまうので注意してください。

相場程度の地代は、固定資産税と都市計画税の3倍の金額が目安になります。

土地の利用による収益が、固定資産税評価額の約5％であると想定しており、固定資産税と都市計画税をあわせた税率は固定資産税評価額の1・7％になっているため、地主は固定資産税と都市計画税の約3倍の金額を賃料として借主から支払いを受けることが固定資産税評価において前提とされています（東京高裁平成9年6月5日判決）。

また、直接は関係ありませんが、公益法人の不動産貸付業が固定資産税の3倍を超える賃料の支払いを受けている場合には収益事業として判定されます。

通常の地代として計算される「更地価格×（1－借地権割合）×6％」と比較して、相場程度の地代を決めてもよいでしょう。

賃貸借か使用貸借かの契約形態は変更が可能であるため、相続までに時間があると見込まれる場合は、使用貸借によって不動産投資家への資金移動を防ぐことができます。相続が近づいてから賃貸借に切り替えるという選択肢もあります。

▼暦年贈与VS相続時精算課税

60歳以上の親や祖父母から18歳以上の子や孫に対して、非課税で2,500万円までの財産を贈与することができます。この贈与財産を含めて相続税を計算するため、相続時精算課税と呼ばれています。

贈与財産は、お金でも不動産でもよく、回数、金額に制限はありません。

2,500万円を超えると、超えた分からその年分の基礎控除110万円を除いた額に

▶贈与税の税率

基礎控除後の課税価格	税率	控除額
200万円以下	10%	—
400万円以下	15%	10万円
600万円以下	20%	30万円
1,000万円以下	30%	90万円
1,500万円以下	40%	190万円
3,000万円以下	45%	265万円
4,500万円以下	50%	415万円
4,500万円超	55%	640万円

一律20％の税率で贈与税がかかります。相続時精算課税を利用しない場合には、この額の贈与財産には45％以上の税率で贈与税が課されるため、2、500万円を超えたとしても、この制度を利用すると、贈与税を抑えることができます。

親と子、祖父母と孫の関係は一対一で、暦年贈与か相続時精算課税かを選択することができます。子供が2人いると、親と子、祖父母と孫の選択肢は16通りもあり、いろいろな組み合わせが想定されます。

相続時精算課税を選択しようとする子、孫は、最初の贈与を受けた年の翌年の2月1日から3月15日までに税務署に「相続時精算課税選択届出書」を贈与税の申告書に添付して提出します。回数をわけて相続時精

相続時精算課税のメリット・デメリット

メリット	・多額の財産を一括で贈与しても、贈与税は課されず、課税されても軽減することができる。 ・不動産貸付を行っている親や祖父母の不動産を子や孫に贈与すると、親や祖父母の所得税を軽減することができ、更に、家賃収入が子や孫に帰属することになり、次世代に所得を移転させることができる。 ・生前に贈与することで、相続時の争いの防止につながる（遺留分は注意が必要）。 ・相続税の計算に当たって、贈与財産は贈与時の価格で評価するため、贈与後に財産の時価が上昇すれば、相続財産から含み益を除外することができる。
デメリット	・相続時精算課税制度を選択すると、今後同一の相手からの暦年贈与が適用できなくなる。 ・贈与財産が土地である場合には、小規模宅地等の特例が適用できなくなる。 ・贈与後に財産の時価が下落すれば、相続財産が過大となる。 ・回数を分けて贈与すると、１年分の基礎控除を超えた分はその都度、申告が必要であり、手間がかかる。また、相続ではなく、贈与であるため、不動産取得税がかかる。

算課税を利用する場合には、その都度、申告書を提出する必要があります。

相続時精算課税にはメリット、デメリットがあります。

暦年贈与と相続時精算課税を選択するには、実際に贈与税と相続税がどの程度かかるかを試算して、判断することになります。

例えば、親が相続財産として現金１億円をもっており、子供に現金２、５００万円を①相続時精算課税により贈与、②一括で暦年贈与、③５年に分けて暦年贈与をした場合に、贈与税と相続税（基礎控除がないものとして計算）がどのくらいかかるかを

▶ 相続時精算課税の選択（お金）

	①相続時精算課税	②一括で暦年贈与	③5年で暦年贈与
贈与税	0円	860万円 （＝2,500万円×45%－265万円）	350万円 （＝〈500万円×20%－30万円〉×5年）
相続財産	1億円	7,500万円	7,500万円
相続税	2,300万円 （＝1億円×30%－700万円）	1,550万円 （=7,500万円×30%－700万円）	1,550万円
税金合計	2,300万円	2,410万円	1,900万円

計算してみます。

相続時精算課税を利用しなくても、5年に分けて暦年贈与することで、税負担を抑えることができます。

相続財産が少なく、相続税がかからない人は、相続時精算課税を選択した方がよいと言われていますが、そのような人は暦年贈与をしていないことが多く、まずは暦年贈与をするべきです。

現金を贈与する場合に、相続まで時間があるときは、相続財産の対象とならない暦年贈与が有効であることは確かです。

相続財産として現金10億円をもってお

り、現金2、500万円を贈与した場合には、贈与税の税率が45％で、最終的に課される相続税の税率55％よりも低いため、相続時精算課税を利用せずに、一括で暦年贈与をした方がむしろ税負担を抑えることができます。

貸付けをしている不動産2億円（土地、建物各々1億円）を贈与したとします。土地の相続税評価額は6、000万円（＝1億円×6割）、建物は4、000万円（＝1億円×4割）で、あわせて1億円になります。一括で暦年贈与するよりも相続時精算課税を選択した方が税負担を抑えることができます。

▶ 相続時精算課税の選択（不動産）

	①相続時精算課税	②一括で不動産を暦年贈与	③家賃収入を10年で暦年贈与
贈与税	1,500万円 （＝7,500万円×20%）	4,860万円 （＝1億円×55%−640万円）	2,100万円 （＝〈1,000万円×30%−90万円〉×10年）
相続財産	1億円	0円	1億円
相続税	800万円 （＝1億円×30%−700万円−1,500万円）	0円	1,400万円 （＝〈3,000万円＋4,000万円〉×30%−700万円）
税金合計	2,300万円	4,860万円	3,500万円

また、不動産そのものを贈与しなくても、不動産からもたらされる家賃収入を贈与する方法もあります。

家賃収入の利回りが5％ですと、1、000万円（＝2億円×5％）になります。この1、000万円を10年にわたって贈与したとします。

相続時精算課税を選択すると、小規模宅地の特例の適用が受けられません。暦年贈与のままですと、小規模宅地の特例の適用を受けることができ、土地は200㎡を限度として50％まで評価が減額されます。土地の相続税評価額は3、000万円（＝6、000万円×50％）になり、税負担を抑えることができます。

贈与期間が長くなったり、不動産が増え、家賃収入が多くなることで、贈与税率が上がったりすると、相続時精算課税を選択した方が有利になります。

不動産所得に係る所得税についても、親や祖父母から子や孫へ移転するため、本来は所得税の負担も加味します。

このように、相続時精算課税を利用する場合には、様々なパターンに応じて税金を試算して、相続時精算課税を選択すべきかどうかを判断することが大切です。

不動産オーナー会社の株式を相続すると更に節税になる

不動産オーナー会社の株式は、取引相場のない株式として評価します。通常、既存の株主である不動産投資家や株式の取得者は同族株主であり、配当還元方式を使うことができません。純資産価額評価方式、類似業種比準方式、あるいは、それらを併用した方式で評価します。

純資産価額が類似業種比準価額よりも低い場合には、無条件に純資産価額で評価する方式を選択します。資産を相続税評価額で評価し、負債を差し引いた金額が純資産価額になります。

逆に、純資産価額が類似業種比準価額よりも高い場合には、類似業種比準価額を加味した評価方式の方が有利になります。

類似業種比準価額の計算式は次のとおりです。類似業種の株価に、評価会社の株式が上場株式ではないことを考慮し、評価会社の配当、利益、簿価純資産の金額の占める割合をかけています。更に、会社の規模が上場会社ほど大きくないことを考慮し、斟酌率《しんしゃくりつ》をかけています。

A×(Ⓑ/B+Ⓒ/C+Ⓓ/D)/3×斟酌率×1株当たりの資本金等の額/50円

A：類似業種の株価
B：類似業種の1株(50円)当たりの配当金額
C：類似業種の1株(50円)当たりの利益金額
D：類似業種の1株(50円)当たりの簿価純資産価額
Ⓑ：会社の1株(50円)当たりの配当金額
Ⓒ：会社の1株(50円)当たりの利益金額
Ⓓ：会社の1株(50円)当たりの簿価純資産価額
斟酌率：大会社0・7、中会社0・6、小会社0・5

業種ごとに、従業員数を加味した純資産価額、直前期末以前1年間の取引金額により会

▶ 会社規模と株式の評価方式

取引金額	会社規模	評価方式
15億円以上	大会社	類似業種比準価額
15億円未満 4億円以上	中会社の大	類似業種比準価額×0.90＋ 1株当たり純資産価額×0.10
4億円未満 2億円以上	中会社の中	類似業種比準価額×0.75＋ 1株当たり純資産価額×0.25
2億円未満 8千万円以上	中会社の小	類似業種比準価額×0.60＋ 1株当たり純資産価額×0.40
8千万円未満	小会社	類似業種比準価額×0.50＋ 1株当たり純資産価額×0.50

社の規模を判定します。会社の規模によって、純資産価額と類似業種比準価額を併用する場合の割合が異なってきます。

不動産オーナー会社の従業員は親族のみで、数人しかいないことが多いと思います。不動産業において、従業員が5人以下である場合の会社規模と株式の評価方式になります。

不動産投資物件そのものを相続するよりも、不動産オーナー会社の株式を相続すると、更に相続税評価額を抑えることができます。

株式の相続税評価額が減る理由

・純資産価額は、不動産の実勢価格よりも低い相続税評価額から、不動産投資ローンの金額を差し引き、更に、清算に係る法人税（税率37％）を支払った後の金額になる。

・子や孫を役員にして役員報酬を支払うと、次世代に所得を移転することができる上、役員報酬の費用計上により利益を抑え、純資産価額を減らすことができる。

・類似業種比準価額が低いと、それを加味した評価方式を選ぶこともできる。

DESを使った相続税の節税は最終手段

DES（Debt Equity Swap）とは、負債を資本に転換することを意味します。

不動産投資家が不動産オーナー会社に貸付けをしているとします。不動産オーナー会社にとっては借入金です。

貸付金をそのまま相続すると、相続税評価額は貸付金の額面金額になります。しかし、貸付金を株式に転換すると、相続税評価額は株式の評価額に代わるため、相続税の節税につながります。

不動産投資家が不動産オーナー会社に対して貸付金の現物出資を行うことで、既存の借入金と債権債務による相殺を行うことができます。この場合、貸付金は額面金額ではなく、時価により少額で評価されることになるため、不動産オーナー会社では債務免除益が発生し、法人税が課されるリスクがあります。

一方で、不動産投資家には譲渡損失が発生し、総合課税の譲渡所得の損失として損益通算することができます。

DESは、家賃収入が途絶え、貸付金の返済に大きな問題が生じるなど、財務的に困難である場合に再建計画の一環として行われることが前提です。お金を払って増資した上で、借入金を返済すると、DESと同じ結果になりますが（疑似DESと呼ばれます）、同族会社の行為計算否認規定により、相続税が課されるリスクが高くなります。

不動産投資家以外に他の株主がいる場合には、ＤＥＳにより不動産投資家に新たな株式が発行され、他の株主のもっている株式の価値が上がると、不動産投資家から他の株主に対する贈与とみなされ、贈与税が課されるリスクもあります。

債務超過の状態ですと価値はゼロですが、ＤＥＳを利用することによって債務超過が解消され、価値が上がるからです。

これらのリスクを踏まえると、ＤＥＳを使った相続税の節税は最終手段であるといえます。

第5章

不動産投資家・不動産オーナー会社の税務調査

不動産投資家・不動産オーナー会社の税務調査の選定

税務調査の対象になりやすい不動産業者

国税庁は、毎年6月頃に査察の調査事績を公表しています。**業種ごとの告発件数は不動産業が1、2位で、毎年件数が多くなっています。**査察は脱税額が大きい事案を選んでいるため、取引金額が大きくなる不動産業者は調査される傾向にあります。

令和3年度の査察の調査事績の公表では、不動産販売会社が架空の経費を計上して、関係者が主宰する海外法人に送金した上で、代表者が管理している海外法人の口座に還流させ、法人税を脱税していた事案が紹介されています。

また、毎年10月頃に税務署、国税局の法人の調査事績も公表しています。業種ごとの調査事績で、**不正所得が大きい業種として、不動産取引が絡む「建売、土地売買」、「その他の不動産」は毎年のように顔を出しています。**

税務署の調査において、不正所得が大きい事案を把握すると、国税局に報告しています。そこでも不動産業を行っている法人は多くなっています。

▶ 告発の多かった業種

令和3		令和4		令和5	
業種	者数	業種	者数	業種	者数
建設業	19	建設業	22	不動産業	18
不動産業	15	不動産業	13	建設業	16
卸売業	4	小売業	12	人材派遣業	6
—	—	人材派遣業	5	小売業	5

国税庁「令和5年度 査察の概要」

▶ 不正1件当たりの不正所得金額の大きな10業種（法人税）

順位	業種	不正1件あたりの不正所得金額	不正発見割合	前年順位
1	情報サービス、興信所	72,887千円	16.1%	5
2	自動車・同部品卸売	64,723千円	23.6%	—
3	鉄鋼製造	63,696千円	21.4%	—
4	運輸附帯サービス	55,379千円	21.7%	—
5	その他のサービス	52,957千円	20.6%	6
6	建売、土地売買	50,098千円	25.4%	4
7	その他の金属製品製造	42,744千円	21.4%	—
8	化粧品小売	35,521千円	28.0%	—
9	その他の不動産	34,613千円	20.3%	2
10	印刷	34,396千円	17.2%	—

国税庁「令和3事務年度 法人税等の調査事績の概要」

このように、不動産業は、脱税額や不正所得が大きくなる業種として、税務当局からマークされています。

不動産の売買や仲介の取引は、一つ一つの取引金額が大きく、多額の利益が計上されると税負担が重くなります。

このような背景から、経営者側に利益を調整して、税金を納めたくないという動機が生じるのではないかと考えられます。

不動産投資家や不動産オーナー会社にとっての売上は、毎月一定の家賃収入がメインであり、不正が介在することはそれほど想定されません。しかし、不動産を売却して、多額の利益が発生すると、目の前にあるお金を自分のポケットにいれたいという衝動にかられるのかもしれません。

不動産業は、業種という理由のみで税務調査の対象になりやすいといえます。

私も税務署で調査をしていた頃、製造業よりも不動産業の税務調査の指令を受けると、不正所得を見つけるぞ、というモチベーションが上がったのを今でも覚えています。

税務調査の選定の流れ

税務調査の選定は、個人、法人ともに2段階で行われます。粗選定をへて二次選定で最終的に税務調査をする対象が決まります。

調査官は、ＫＳＫ（国税総合管理）システムと呼ばれるシステムを使い、税務調査や滞納整理を行っています。

全国の税務署、国税局がネットワークでつながれています。納税者の申告事績、調査事績、資料情報がＫＳＫシステムに入力され、納税者の情報が一元的に管理されています。

粗選定では、統括官がＫＳＫシステムなどのシステムに抽出条件を入力し、候補者を選定します。抽出条件は納税者の管理情報、決算書の情報等です。

個別に管理されている納税者は優先的に選定されます。家賃収入が億を超えるような大口資産家や過去の税務調査等から悪質な不正、多額の不正が想定される法人等です。また、不正所得の把握や課税につながる可能性の高い資料情報は個別に管理されており、その対

象となっている納税者も優先的に選定されます。

そして、決算書の情報も税務調査の選定に利用されます。

決算書情報に基づく税務調査の選定

- 売上をはじめとした**決算書の数値が、急増または著しく変動するなど、過去との比較**
- 同業種同規模個人、法人に比べて、売上、所得の伸び率が低いなど、平均値との比較
- **代表者の可処分所得**を考慮

法人特有の選定理由としては簿外口座の把握があります。資料情報で把握された銀行口座が、預貯金の内訳書の銀行口座欄に記載されていないと、簿外口座となっている可能性が高いことになります。

二次選定では、粗選定で抽出した候補者の中から、統括官が申告書等を個別に確認し、

最終的に税務調査の対象を決めていきます。

重点管理されている納税者は、二次選定でも優先的に選定されます。

税務調査の選定で最優先される資料情報

資料情報は税務調査において積極的に活用されています。特に、個別に管理されている資料情報は、税務調査の選定に当たって重視されています。

個別管理資料

①不正所得の把握につながる資料情報
②金融機関の入出金の資料情報
③課税につながる資料情報
④投書やタレコミ等の部外情報

不動産仲介の役務提供の有無を確認するために、調査官が仲介手数料の支払先の法人に反面調査を行うことがよくあります。反面調査を行ったところ、実際に役務提供を受けていることが確認されましたが、支払先の法人の手数料収入が漏れていたとします。支払先の法人において売上除外という不正が想定されるため、調査官は①の資料情報を作成し、支払先の法人を所掌している部署に連絡します。

税務署には、機動担当と呼ばれる金融機関のセンターを回る調査官がいます。機動担当は、税務調査の対象となっている納税者はもちろんですが、家族、代表者、社員、取引先が利用している口座の入出金や振込み等にも目を光らせています。

例えば、不動産オーナー会社の代表者の個人口座、あるいは、申告書の預貯金の内訳書に記載されていない法人口座、いわゆる法人実名簿外口座に不審な入出金があったとします。機動担当は②の資料情報を作成し、不動産オーナー会社を所掌している部署に連絡します。

金融機関のセンターでは、日にち、支店を指定してCD-ROMで口座の取引を確認するため、横目と呼ばれる第三者の口座の入出金が目に入ってきます。申告情報と照らして不審な点があれば、②の資料情報を作成することができます。

不正所得の把握につながる資料情報と金融機関の入出金の資料情報は、資料情報の中でも優先度が高いため、税務調査の選定では第一順位で利用されます。

先ほどの仲介手数料の例で、反面調査を行ったところ、実際に役務提供を受けていることが確認されましたが、支払先の法人の手数料収入が翌期にずれていたとします。支払先の法人において売上計上漏れが想定されるため、調査官は課税につながる③の資料情報を作成し、支払先の法人を所掌している部署に連絡します。

この場合は、不正所得の把握にはつながらないため、①ではなく③の資料情報になります。

税務署は、投書やタレコミといった部外情報を受け付けています。手紙、メール、電話、面接といったさまざまな方法で情報が提供されます。部外情報は匿名で提供されることも多いです。税務調査で活用するときも、提供者が誰であるかを知られないように注意することになっています。

うらみ、ねたみのような情報もありますが、**元従業員、経理担当者、取引先等から、課**

税につながる有効な情報が提供されることもあるため、部外情報は貴重な情報源です。税務調査で部外情報を活用したときは、署長などに報告することもあり、その重要性がわかります。

時価よりも著しく低い価格で不動産を売却しているという部外情報をきっかけに課税された例もあります。

税務調査が終わると、調査官は調査で収集した資料から、銀行口座情報を含めた取引内容をKSKシステムに入力します。また、法人や個人事業主から取引内容が入力されたエクセルを光ディスク（CD、DVD）で一般取引資料せんとして提供してもらい、KSKシステムに入力しています。

例えば、KSKシステムに仲介手数料の取引内容が反映されると、支払先の法人を所掌している部署でこの情報を活用することができ、支払先の法人の税務調査で売上に計上されているかどうかを確認することができます。

また、支払先の法人の口座が申告書の預貯金の内訳書に記載されていない場合には、簿外口座になっている可能性があります。

先ほどの①～③の資料情報、④の投書やタレコミ等の部外情報は、個別に管理されているため、個別管理資料と呼ばれます。こちらの資料は、不正所得の把握や課税につながる可能性が高くないことから一般資料と呼ばれます。

資料情報は、限られたマンパワーで調査を効率的に行う点からも重宝されています。有効な資料情報を収集した場合には、内容や金額によって表彰を受け、人事評価にも影響してきます。

不動産取引の法定資料もあなどれない

不動産を売り買いすると法務局で登記をします。不動産の移転登記の情報はKSKシステムに入力され、権利当事者を所掌している部署に展開されます。

移転登記情報の活用例

- 売却の登記情報は、売主が個人であれば、譲渡所得を申告しているかどうか。
- 売却の登記情報は、売主が法人であれば、決算書に売却損益が計上されているかどうか。

・贈与の登記情報は受贈者が申告しているかどうか。

移転登記の情報には取引価格が含まれていませんが、**時価、路線価の情報と紐づけることによって、譲渡所得税や贈与税の税務調査の選定に活用**されます。

事業的規模の不動産投資家や法人は、不動産取引で一定の金額を超える支払いをすると、法定資料を税務署に提出する必要があります。

法定資料に基づき、支払先の売上に計上されているかどうかを確認することができます。

「不動産等の譲受け対価の支払調書」は、不動産の買主が不動産の購入代金を記載して提出します。

売主が個人であれば譲渡申告書の譲渡価額、売主が法人であれば決算書の売却価額（不動産の減少額±売却損益）と不動産の購入代金が乖離《かいり》していると、売主が売却代金の一部を除外している可能性があります。

▶ 不動産取引の法定資料

法定資料	内容	一つの支払先に対する金額
不動産の使用料等の支払調書	家賃、権利金、更新料等	年間 15 万円超
不動産等の譲受け対価の支払調書	不動産の購入代金	年間 100 万円超
不動産等の売買又は貸付のあっせん手数料の支払調書	不動産売買、賃貸の仲介手数料	年間 15 万円超

法人が代表者の個人口座に振り込んだり、無申告法人、赤字の関連法人に利益を付け替えたりすることがあります。

消費者が居住用物件の住居の家賃を支払っていても、事業者ではないため、「不動産の使用料等の支払調書」を提出する必要がありません。

また、権利金、更新料は対象になりますが、家賃のみを法人に支払っている場合にも提出する必要がありません。

「不動産の使用料等の支払調書」は、テナントビルを所有している不動産投資家の税務調査で活用されます。支払った家賃が売上に計上されているかどうかはもちろんですが、さまざまな点から税務調査に活用されます。

使用料支払調書の活用例

・テナントビルが一棟の場合には、インターネット情報や現地確認から想定した家賃と支払調書に記載された家賃が乖離しており、売上が漏れていないか。
・家賃の趨勢が減少した場合には、一部の部屋を売却し、譲渡所得として申告されているか。
・権利金を受け取っている場合には、譲渡所得として申告されているか。
・現地確認によりテナントビルに広告看板、駐車場がある場合に、副収入が漏れていないか。

不正のリスクを犯してはいけない!

統括官が税務調査の対象となる納税者を選定した後、調査官が準備調査を行います。調査官は、準備調査書に選定理由と調査項目を記載して、統括官に決裁を受けます。

過去に不正を行った納税者や不正が想定される納税者は、決まり文句として、選定理由に「過去不正」や「不正想定」と記載します。

統括官は、**過去に不正を行った納税者を積極的に選ぶ傾向にあります。不正は、その時に行ったという事実のみならず、その後に行われる税務調査での選定にも影響してきます。**

不正を行うような悪質な納税者は、個別に管理されています。

全ての法人は3グループに分かれて、ＫＳＫシステムに登録されています。

法人のグループ管理

・優良グループの法人は、適正な申告を行い、ある程度、所得がでている法人です。優良申告法人と呼ばれ、少数になります。税務調査はほとんど行われず、行われた場合でも実態確認が中心です。

・不正グループの法人は、多額の不正を行った法人、または、不正を行っていなかったものの、不正を行う可能性がある法人等で、継続して管理すべき法人です。税務調査の回数が多くなり、深度ある調査が行われます。粗選定において、ＫＳＫ

システムの抽出条件で納税者の管理情報である不正グループが重視されます。

・優良、不正グループ以外の法人が属するグループが通常グループです。ほとんどの法人がこのグループに属しています。通常の税務調査が行われます。

税務調査が終わると、調査官がグループの判定を行い、KSKシステムに入力します。統括官の確認を受けますが、統括官はほとんど修正せず、調査官の心象が大事になってきます。

不正グループに分類されると、今後の税務調査で選定されるリスクが高くなります。いったん不正グループに分類されると、次回の税務調査で、何もなかったとしても、調査官は通常グループに変えることを躊躇します。

個人についても、法人の不正グループと同じように、不正が絡むと、継続して管理すべき個人としてKSKシステムに登録されています。粗選定において、KSKシステムの抽出条件で納税者の管理情報である継続管理が重視されます。

税務調査に選定されないテクニック

申告書、個人事業主の決算書、法人の事業概況書はＯＣＲで読み取られ、申告情報としてＫＳＫシステムに登録されます。そこに記載された数字は、粗選定におけるＫＳＫシステムの抽出条件のもとになるため、適正に記載することが大切です。

逆に言うと、それを利用することができます。

例えば、不動産所得の決算書の経費科目の中には交際費の科目がありません。任意に記載することができる欄が設けられており、主なものを記載することになっています。しかし、**主なものとして交際費をあえて記載しなくても、その他の経費に含めると、交際費は把握されずに経費として計上**することができます。

売上が順調に伸びているにもかかわらず、所得の伸びが低調である個人、法人は、「売上急増・所得低調」という理由で選定される可能性が高くなります。

不動産投資家や不動産オーナー会社の家賃収入は毎月一定であり、同じような不動産を新たに購入した場合には、家賃収入も所得も同じ程度の割合で増えることが普通です。

調査官は、準備調査の際に、決算書の数値をエクセルに並べて、前期から著しい変動がある勘定科目を検討します。統括官も同じ目線で選定します。

税務署は売上急増・所得低調の要因や決算書数値の著しい変動要因を知りたいわけです。したがって、**個人は決算書の特殊事情欄、法人は事業概況書にその要因を記載することで、税務調査に選定される可能性が多少とも低くなります。**


税務調査に選定されたとしても、**調査に着手し、誤りが指摘されるまでに、修正申告を行うと、加算税を減らすことができます。税務調査で誤りを指摘されると、加算税が10%かかりますが、5%で済みます。**

調査官がその誤りに気付かなければ、加算税はかかりません。しかし、税務調査の連絡が来た場合には、金額の大きい取引を見直して、誤りがあるようでしたら、自ら修正申告をして加算税を5%で済ませるべきです。調査官がその誤りに気付かないだろうというリスクをとらない方が賢明です。

不動産投資家の税務調査の選定基準

不動産投資家の決算書、資料情報から税務調査に選定される基準をある程度把握することができます。

不動産投資家の選定基準

・固定資産税に比べて、家賃収入が少ない。
・権利金、更新料等の単発的な収入の漏れが想定される。
・家賃収入が多額であるが、長期間、税務調査が行われていない。
・経費の中に多額の個人的な経費の付け込みが想定される。

固定資産税と家賃収入は相関関係にあるのでしょうか。

日税不動産鑑定士会が、東京23区の地代と固定資産税、都市計画税の倍率（公租公課倍率と呼ばれます）について、実態調査を行っています。その結果、平成30年1月～4月で4・6倍（住宅）、4・37倍（商業）になっています。

住宅用地の減額特例により、固定資産税が低くなっており、倍率が高くなっています。また、地代のみになります。最低でも、この倍率の家賃収入が計上されていないと少ないことになります。

初年度は初期費用である登録免許税、不動産取得税が租税公課に入りますが、2年目以降は固定資産税、都市計画税以外の大きな経費は租税公課に計上されないため、さきほどの倍率をかけると、想定した家賃収入を計算することができます。

不動産を売却すると、譲渡所得税の税務調査も行われます。

令和4事務年度（令和4年7月1日～令和5年6月30日）の譲渡所得税の税務調査の件数は18、572件で、そのうち不動産の譲渡に係る税務調査の件数が13、987件と約75％を占めています。申告漏れ等、誤っている件数は10、236件と73％が是正されています。

所得税や法人税の税務調査と同様に、不正所得の把握につながる資料情報があったり、過去に不正を行っていたりすると、譲渡所得税の税務調査でも積極的に選定されます。

それ以外では、譲渡所得の内訳書等から譲渡価額と公示価格に基づく見込時価の開差が大きかったり、不審な支払い等で譲渡費用を過大に計上していることが想定されたりすると、選定されます。

譲渡価額と見込時価の開差が大きい場合には、譲渡価額が異なる二通の契約書を作成している可能性もあります。譲渡価額が高い方の契約書が真実の契約書にもかかわらず、譲渡価額が低い方の契約書に基づき申告を行い、差額を現金で受け取ったり、別の名目で受け取ったりすることがあります。

また、何の寄与もしていないのに、親族の同族会社にコンサルタント料等を支払うことによって、譲渡費用を過大に計上し、譲渡益を圧縮させていることもあります。

これらは不正であり、実際に行われる可能性は低いですが、譲渡所得の内訳書に記載された内容をきっかけに把握されています。

不動産投資家・不動産オーナー会社の税務調査の調査項目

家賃収入が漏れていないか

不動産投資家は、宅地建物取引士の資格を持ってないと不動産を頻繁に売買してキャピタルゲインである利益を得ることはできません。通常は、不動産をある程度、継続して保有し、インカムゲインである家賃収入を得ることを目的に不動産投資を行います。

したがって、毎月、一定の家賃収入が売上に計上されることになるため、税務調査では、1か月分の売上が適正に計上されているかどうかを確認すれば、ある程度適否を判断することができます。不動産賃貸業の税務調査は、他の業種の税務調査に比べると難しくありません。

調査官は、概況聴取の時に家賃収入の計上基準を聴いた上で、帳簿調査では、その基準に基づき適正に計上されているかどうかを確認します。

不動産投資家は、帳簿を作成して、一定の経理をしないと、家賃収入を賃貸借契約書に記載された家賃の支払日に計上することになります。賃貸借契約の慣習として、翌月分の家賃が当月末までに振り込まれることになっています。翌月分の家賃であっても、当月に売上として計上する必要があるため、1か月分の家賃収入の計上が漏れていることがあります。

調査官は、**賃貸借契約書と預金通帳を突合し、家賃収入が除外されていないかどうかを確認**します。必要に応じて、**反面調査によって居住者や不動産管理会社に取引内容を確認**します。

家賃が振り込まれている口座の預金通帳を提示すればよいわけですが、**調査官は金融機関のセンターに行って、他の口座の預金通帳の入出金や振込みも見ることができます。**

特に、単発な取引は除外されやすく、調査官は、不動産の賃貸借契約書から更新料、権利金等の収入が除外されていないかどうかを確認します。

不動産の売却収入が漏れていないか

不動産投資家は不動産を売却すると、譲渡所得として申告し、譲渡所得税の税務調査が行われます。法人化して不動産を売却すると、家賃収入と併せて法人の申告に反映させます。法人税の税務調査が行われることになります。

不動産の売却収入は、基本として物件の引渡時に計上します。

調査官は、**物件の引渡書の引渡日、売買契約書の引渡予定日に、売却収入が計上**されているかどうかを確認します。そして、調査官は、**翌期首の取引で当期に計上すべきものがないかどうかを検討**します。

あらかじめ、**家賃収入、売却収入の計上基準を説明することができるようにしておくとともに、翌期首の取引を中心に適正に計上されているかどうかを確認**しておきます。

事業的規模の不動産投資家や法人に不動産を売却すると、「不動産等の譲受け対価の支払調書」が法定資料として税務署に提出されるため、売主と通謀でもしない限り、売却収入を除外しても把握されてしまいます。

そこで、売主との間に無申告、休業、赤字法人を介在させることよって、売却益を圧縮させることがあります。

これまでは黒字でしたが、当期は不動産の売却損を計上し、赤字になっている法人があるとします。なぜなら、登記上では売主に直接売却しているにもかかわらず、実際の契約では赤字法人を介して売主に売却しており、赤字法人に利益を付け替えているからです。

法人が時価より低い価格で不動産を売却すると、寄付したものとして法人税が課されます。

調査官は、**近隣不動産の売買実例に比べて、㎡単価が低くないかどうかを検討**します。個人のように、時価の1／2に満たなければ、著しく低いといった決まりがないため、適正な時価により売却する必要があります。

例えば、時価3、000万円の不動産（帳簿価額1、000万円）を1、500万円で売却したとします。

現金預金	1、500万円	不動産	1、000万円
寄付金	1、500万円	不動産売却益	2、000万円

寄付金1、500万円は費用にならないため、時価と帳簿価額との差額である不動産売

却益2、000万円に法人税が課されます。

買主の方では、時価と売却代金との差額である寄付金1、500万円について、寄付を受けたものとして処理されます。買主である個人は一時所得として所得税が課されます。法人は受贈益として法人税が課されますが、グループ法人間では認識しません。

不正常習科目である仲介手数料が架空ではないか

調査官は、仲介手数料について役務提供を受けているかどうかを必ず確認します。

なぜなら、仲介手数料は、役務提供の対価ではなく、取引金額に応じて決まるため、対価性が疑わしいからです。宅地建物取引業法で定められた金額の範囲内で支払っていれば、問題ないという風潮があります。仲介手数料は不正の常習科目になります。

不動産の売買取引において、仲介手数料を支払うことによって、売主は譲渡益を圧縮することができ、一方、買主は資産計上により建物部分を減価償却費として計上することができます。

不動産の売買取引が成立した後でも、何ら寄与していないにもかかわらず、仲介したことにして、業者を間に入れることがあります。仲介手数料は名目で、関係者に謝礼金として支払われたり、代表者などにキックバックして、個人的に使われたりします。

調査官は**仲介手数料の支払先の申告状況をKSKシステムで確認します。支払先が無申告、休業（場合によっては赤字）である場合には、会社に取引経緯や取引内容を聴取します。**取引経緯や取引内容に不審点があると、**支払先に反面調査を行い、実際に役務提供を受けているかどうかを確認**します。

その結果、役務提供を受けていなければ、調査官は、**支払先に質問し、応答を受けた内容を「質問応答記録書」と呼ばれる文書に残します。**質問応答記録書は、納税者や反面調査先との質問応答を文書に残したもので、裁判でも証拠能力がある文書として認められています。

ないものがないという証明をすることは難しいため、役務提供を受けていないことを質問応答記録書に残し、証拠化します。

反面調査の結果、役務提供を受けていたものの、支払先の申告が漏れている場合には、支払先を所掌している部署に連絡します。協議してすぐに税務調査を行った方がよいということになると、連携調査というかたちで、支払先を所掌している部署が税務調査に着手します。

税務調査は後日でもよいということになると、支払先の申告が漏れているという課税につながる資料情報を作成して、支払先を所掌している部署に連絡します。

連携調査、資料情報によって、連携先、連絡先である支払先を所掌している部署と合わせた調査事績を国税庁に報告し、内容や金額によって表彰を受けます。

仲介手数料について役務提供を受けていることを証明するためにも、対価性があることを取引書類で見せられるようにしておくことが大切です。

家事費等の個人的な経費が含まれていないか

調査官は、売上や売上原価の確認が終わると、個人的な経費の付け込みを検討します。**損益計算書の販売費及び一般管理費の中で、大きな金額の取引や毎月計上されている取引**を中心に調べていきます。

個人の家事関連費は、家事と業務の両方に関わる経費であり、個人的な経費が入りやすいので注意する必要があります。

法人の税務調査で、代表者の個人的な経費の付け込みが認められると、3つの税目で課税されることになる上、それぞれの税目で加算税を負担することになります。

・代表者の賞与は法人税の計算上、費用にならないため、法人税が課される。
・法人は給与に係る源泉所得税を徴収し、納付する必要があるため、代表者の賞与に係る源泉所得税が課される。代表者には他の所得と合わせて所得税が課される。
・法人が消費税の課税事業者である場合には、賞与は課税仕入にならないため、消費税が課される。

修繕費に資本的支出がないか

調査官は、**翌期に完了した修繕工事を前倒しで修繕費に計上していないかどうかを確認します。**

例えば、当期に不動産の売却益が計上されると、修繕費を計上することによって利益を圧縮したい衝動にかられます。

資本的支出に該当するかどうかの判断はすでに書かせていただきましたが、税務調査では、前倒しと併せて資本的支出も確認します。

請求書、見積書には、修繕工事一式と記載されていることが多いため、その元になる取引書類を確認し、関係者に取引内容を聴取します。必要に応じて、工事先に反面調査を行い、機能の追加等による価値の増加部分がないかどうかを確認します。

また、修繕工事の現場を確認し、用途変更等の事実がないかどうかも確認します。

代表者貸付、借入の資金が簿外で使われていないか

代表者や家族に対する多額の貸付金を使って、簿外で不動産の売買取引を行い、売上を除外していることがあります。

また、代表者や家族からの借入金が急増している場合には、不正に得た資金を会社に受け入れるために代表者借入を利用していることがよくあります。

調査官は、代表者貸付、借入の原資を会社に聴取するとともに、銀行調査で代表者の個

人口座を照会し、原資を確認します。

長期滞留している前受金がないか

不動産を売却したときに、前受金で経理して、売上計上の処理が漏れていることがあります。

長期間変動していない前受金はおかしいと疑われるため、前受金のうちに売上に計上すべき部分がないかどうかを確認します。

不動産の売買取引で、不動産の仕入に関する支払を前渡金、売却に関する入金を前受金でとりあえず経理し、売却したときに、前渡金を売上原価、前受金を売上に振り替えて、売却益を計上している法人があります。

前渡金と前受金を誤って相殺して、利益を除外していた例があります。

前受金で経理し、たまたま売上の計上が漏れていたら、故意に売上を計上せず、仮装隠ぺい行為があることを立証するのは難しいかもしれません。

調査官は、前受金に限らず、**長期間変動していない、貸借対照表の数字を確認すること**

があるため、普段からそのようなことがないかどうかを確認してください。

消費税の固有非違がないか

消費税は、今や所得税を抜いて税収トップの税目であり、国税庁は消費税の税務調査に力をいれています。売上計上漏れ、経費否認などの所得税や法人税の計算に連動する誤りが大半ですが、**消費税の計算だけで誤っている「固有の非違」が重視**されています。

例えば、土地の売買取引には消費税がかかりませんが、土地を購入したときに、消費税を支払ったものとして預かった消費税から差し引いて消費税を計算しているとします。これは、所得税や法人税の計算には影響しないため、「固有の非違」に該当します。

固有の非違は金額ではなく、**件数（割合）が重要な指標**になっています。法人税では指導になるような少額であっても、修正させる傾向にあります。どうかと思いますが、例え少額であっても、間違っているのであれば、修正する必要があります。

固有の非違は、消費税がかかるかどうかを知っているか知っていないかだけの話であるため、調査官は税務調査の終盤で確認します。

調査官は、まず、決算書の勘定科目により消費税がかかるかどうかを判定します。消費税の申告書には、**消費税がかかる売上（課税売上）と消費税がかかる仕入（課税仕入）の数字が載っているため、決算書の勘定科目から判定した数字の合計金額とおおむね一致しているかどうかを確認**します。

建物売却損益が特別損益に計上されているのに、決算書の売上高と課税売上が一致しているのは誤りであり、建物の売却価格だけ、課税売上が大きくないとおかしいことになります。

不動産取引が絡む課否判定

・テナントビルや駐車場の家賃収入は課税売上であるが、整備されてない更地の駐車場は除かれる。
・民泊の家賃収入は、ホテルの宿泊費と同様に、消費税がかかり、課税売上になる。
・老人ホームなどのショートステイの家賃収入は、貸付期間1か月未満であると、課税売上になる。

・建物の引渡しを受けていない手付金、対価性が認められない損害賠償金、立退料は、課税仕入にならない。

土地と建物を一括で売却した場合でも、建物の売却価格を課税売上に含める必要があります。

建物の売却価格を低くした嘘の売買契約書を作成することによって、課税売上を少なくして、消費税を不正に免れていた例があります。

調査官は、**購入との対応関係や固定資産税評価額を確認し、必要に応じて、買主に反面調査を行い、土地と建物の売却価格が適正であるかどうかを検討**します。

おわりに

本書を最後までお読みいただき、ありがとうございました。

不動産業界には「情報の非対称性」という言葉があります。我々投資家よりも不動産業者の方が不動産取引に係る情報を詳しく知る立場にいるという意味です。情報の非対称性を解消するには、いかに不動産業者と寄り添うかがポイントになります。

税金の世界でも、同様に、知っていれば得をして、知らなければ損をするということが往々にしてあります。常に情報の扉を開けておくことが大切です。時に税理士等の専門家にアドバイスをもらうことも必要です。

本書をお読みいただき、不動産投資には、所得税、法人税、相続税とさまざまな税金が関わっていることを知っていただけたかと思います。どれか一つの税金を知っていれば良いというわけではありません。

本書を通じて、皆様に少しでも不動産投資の節税を知っていただけたら幸いです。

ただ、不動産投資を節税目的のためだけに行ってはいけないということを私は常日頃から言っております。不動産投資は何よりも家賃収入が途絶えない収益性や市場価値のある資産性を備えた物件を購入することが大切です。不動産投資による節税は、収益性や資産性が前提です。

家賃収入や売却収入が得られなければ、ローンの返済等により手元からお金が減っていきます。収入を確保した上で、節税によって不動産投資がもたらすお金を最大化させます。

私は、現在、不動産専門の税理士として活動しており、不動産税務の顧問や相談を受けています。不動産投資家・不動産オーナー会社の節税はもとより、不動産販売、仲介、管理会社等の税務に関わることで、不動産投資に少しでも貢献していきたいと思っています。

最後になりますが、皆様の不動産投資がうまくいくことを祈念しまして、終わりの言葉にさせていただきます。出版の機会を与えて下さったぱる出版の原田陽平様にお礼を併せて申し上げます。

川口 誠（かわぐち・まこと）

元国税調査官・税理士・不動産投資家
大学院での税務会計の実証研究を通して、理論的に税金をとらえる思考を身につける。国税局では高度な調査力が必要とされる調査部において、10 年以上にわたって上場企業等の税務調査に従事するなど、中小企業から大企業まで 100 以上の会社の税務調査を行う。その中で、不動産投資家、不動産オーナー会社の税金対策が上手くいっていない現状を目の当たりにする。どうしたら改善するのかといったノウハウを蓄積するにとどまらず、自らワンルームやアパートを購入し、不動産投資による節税を実践している。
これまでの経験と知見を生かし、不動産投資家、不動産オーナー会社、不動産販売・仲介・管理会社等の税理士としても活動している。

MK Real Estate 税理士事務所ホームページ
https://kawaguchi-tax.com/

元国税《もとこくぜい》の不動産専門税理士《ふどうさんせんもんぜいりし》が教《おし》える！

不動産投資《ふどうさんとうし》 節税《せつぜい》の教科書《きょうかしょ》

2024 年 10 月 2 日　初版発行
2025 年 1 月 30 日　3 刷発行

著　者　川口　誠
発行者　和田智明
発行所　株式会社 ぱる出版

〒 160 - 0011　東京都新宿区若葉 1 - 9 - 16
03(3353)2835－代表
03(3353)2826－FAX
印刷・製本　中央精版印刷(株)
本書籍に関するお問い合わせ、ご連絡は下記にて承ります。
https://www.pal-pub.jp/contact

ISBN978-4-8272-1476-5　C0033